まえがき

昭和という元号が平成になって早くも二十年が経過した。大正は十五年十二月二十五日で終わり昭和になった。大正は第一次世界大戦、米騒動、関東大震災と明治と違った動乱の時代であった。

しかし昭和も経済恐慌に見舞われ、一方、大陸での覇権争いから小競り合いが続き、軍部の台頭、海軍将兵による政府要人暗殺の五・一五事件などが起き、さらに満州事変勃発、満州帝国の建国、第一次上海事変の勃発というようにきな臭い国際情勢が続いた。

十一年二月二十六日には陸軍の過激派による政府要人襲撃の二・二六事件が起きる。そして支那事変のちに日中戦争と呼ばれる戦争が始まり、続いて運命の十六年十二月八日を迎えるのである。米英に対する宣戦布告である。大東亜戦争といわれた第二次世界大戦勃発である。

この年、尋常高等小学校は国民学校となり、生徒たちは少国民と呼ばれ挙国一致の思想を叩き込まれる。多くの若者が戦場に派遣され四年八ヶ月という未曾有の大戦に巻き込まれる。そして二十年八月広島、長崎に原子爆弾が投下され、何十万人もが殺戮され国内主要都市も空襲で壊滅、十五日ついに天皇が終戦の詔勅を放送、戦争の時代にピリオドが打たれる。

アジア各地に展開された戦争に出陣した将兵、さらに中国大陸や南方各地に出征していた将兵も復員となり満蒙開拓に移住していた人々も引揚船によって帰国していった。ソ連はわずか一週間の参戦で千島列島、樺太を手にし数十万人の日本兵を抑留、シベリアの開発に酷使した。彼らの中で帰国できずかの地で亡くなった人も多く異国の丘という墓地には数多くの日本兵の墓石がある。

こういった往時の出来事を歴史のかなたに葬ってしまっていいものだろうか。歴史に記録されていない記憶つまり口伝も含めて伝えて行かないといけないだろう。そこで昭和文化研究会を結成、庶民の記憶をつづってみたのが本書である。

第二次大戦の敗戦によって世の中は百八
ともいえる。言葉一つ見ても大東亜戦争と
語になったし言葉だけでも数百語が忘れら
しがりません勝つまでは」などの標語も後
いと知らない時代になってきた。

平成二十一年孟夏

執筆者代表　津

目次

ジャーナリストのひとり旅

藤井　國夫

〽一　汨羅《べきら》の渕に波騒ぎ
巫山《ふざん》の雲は乱れ飛ぶ
混濁《こんだく》の世に我れ立てば
義憤に燃えて血潮湧く

三　ああ人栄え國亡ぶ
盲《めしい》たる民世に踊る
治乱興亡夢に似て
世は一局の碁なりけり
（「昭和維新の歌」で「青年日本の歌」ともいう）

一昔前までは居酒屋での酔客によく歌われていたものだが、最近ではまったく聞かない。ご時勢というものか。

この作詩者は昭和七年五月十五日の「五・一五事件」に連座した日本海軍少尉三上卓である。

この三上卓とわたしは昭和二十七年五月、高松市丸亀町の某喫茶店で記者会見をしたことがある。

「五・一五事件」は昭和七年の五月十五日三上卓海軍少尉ら海軍青年士官と陸軍士官学校生徒らが、首相官邸などを襲い、犬養首相を射殺したものである。わたしは、この世に生を享けて五歳のときの事件であった。詳しいことは知るよしもないが、成人して縁あってマスコミ界に入り、サツ回り二年目、五・一五事件が発生して二十年目、日月も同じ五月十五日であったと思う。

記者会見しての第一印象は、

この人が五・一五事件の首謀者の一人、三上卓かと思うと、からだ全体からにじみ出る陰に籠もった〝隠花植物〟のような香りを感じたことを覚えている。

開口一番、「高松へ寄られた理由?」

三上答えて曰く。

「香川郡直島町の三宅親連町長に会いたくなって来高した」と、はきはき答える。

「三宅親連町長とは、どのようなご関係か」

「きょうは、五・一五事件からちょうど二十年になる。親連さんと会い、懐古談に花を咲かそうと思って、やってきた。これまでにもよくお会いしている」

と語ってくれた。さばさばとした表情だが心の奥底には〝五・一五事件〟の炎が燃えているのを強く感じた会見であった。

昭和は銀行取り付けなど金融大恐慌で始まった。以来、この時代の子らは波乱、動揺の世に翻弄《ほんろう》されていく。

小学校時代は「サイタ　サイタ　サクラガサイタ」が一ページの国語読本、二ページが「ススメ　ススメ　ヘイタイ　ススメ」であった。いまも鮮明に記憶している。

小学四年生ころだったと思うが、受け持ち教諭は日本陸軍の衛生兵の伍長、中村重幸先生であった。唱歌の時間で一番最初におそわったのが「箱根八里」（作詞・鳥居忱《まこと》、作曲滝廉《れん》太郎）であった。いまも歌詞は記憶。

〽箱根の山は　天下の険　函谷関も　物ならず
万丈の山　千仞《じん》の谷　前に聳《そび》え　後《しりえ》に支う
雲は山をめぐり　霧は谷をとざす
昼猶闇《くら》き杉の並木　羊腸の小径は　苔滑《こけなめら》か
一夫関に当《あた》るや　万夫も開くなし　天下に旅する
剛毅《ごうき》の武士　大刀腰に　足駄《だ》かけ　八里の岩根
踏み鳴《な》らす　斯くこそありしか　往時の武士《もののふ》〽

函谷関が何やら、千仞の谷といったら何か、羊腸の小径は何や、一夫関とは何ぞや…ことほどさように訳のわからぬ歌詞を、まる暗記して学芸会でみんなと歌ったものだ。しかし曲が何ともいえぬ心に響く曲であったので、全部覚えてしまった。

ちなみに箱根八里は東海道五十三次の難所。函谷関は中国河南省にあった関所の名前。意味が理解できたのは県立高松中学校（昭和十五年、紀元二千六百年）に入学してからだった。兵隊さんの教育だから〝軍隊式〟だった。もちろん出来が悪いとビンタが飛んだ。頭を三角定規（大型）で叩かれ、こぶの絶えた間はなかった。少年らは間違いなく立派な〝軍国少年〟に育っていった。

ちなみにこの〝軍国少年〟は昭和二年三月五日、源内さんの志度に生まれ、チルドレン時代はすぐ近所の浄土宗真覚寺の〝岡の松〟（平成五年五月枯死、五百年の樹齢で昭和四十四年県指定天然記念物に指定された松、〝西の横綱〟、〝東の横綱〟＝東京墨《すみ》田区の安養寺の松＝として話題を呼んだ）の上で近所の悪ガキどもと、当時は現在と違い〝生めよ殖やせよ〟の時代、一家に三人、四人兄姉妹はざらで、こうした連中と、自然の中で無心に遊んで過ごす。しかしいま思えば、〝岡の松〟の枯死とともにこの間の思い出はエアポケットのように欠落している。

自宅が海を前にしていたので、夏が来るとパンツ一枚で、朝から夕方まで海で遊び、藻からミミズをとったりして泳ぎまくり、小学校入学（昭和八年四月志度尋常小学校）するまでに犬かきであったが泳げるようになっていた。

陸軍衛生伍長の小学校教諭にしごかれ、昭和十五年四月県立高松中学校に合格、当時の役場の学務係が来宅し、高中入学を祝う宴会を開いてくれたのを記憶している。

昭和十六年十二月八日、大東亜戦争が起こり、高中二、三年ごろは農繁期には農家の手伝いに動員された。

高中四年のとき、数学の受け持ちは本田益夫先生で、徳島工専（現徳島大学）の入試は数学が満点であれば合格するといわれ、先生から微分、積分、逆三角関数などを教わり、無事に徳島工専を合格できた。

数学の問題を文句なく解答し、数学だけで帰宅した。本田先生のいわれたのは本当なのかと心配であったが、無事二次試験の口頭試問に出て来いという合格通知をもらい、安心した。ときに昭和十九年四月のことであった。専攻課目は造船工学で、戦艦大和、武蔵級の艦艇設計が夢であった。

昭和七年一月二十八日〝上海事変〟起きる。同二月二十日、上海に派遣された陸軍が総攻撃を開始し、廟行鎮で「肉弾三勇士」が戦死し、新聞で大々的に報道され、学校でも家庭でも寄るとさわるとこの三勇士の話で持ち切り、お互い興奮して話し合ったものだ。

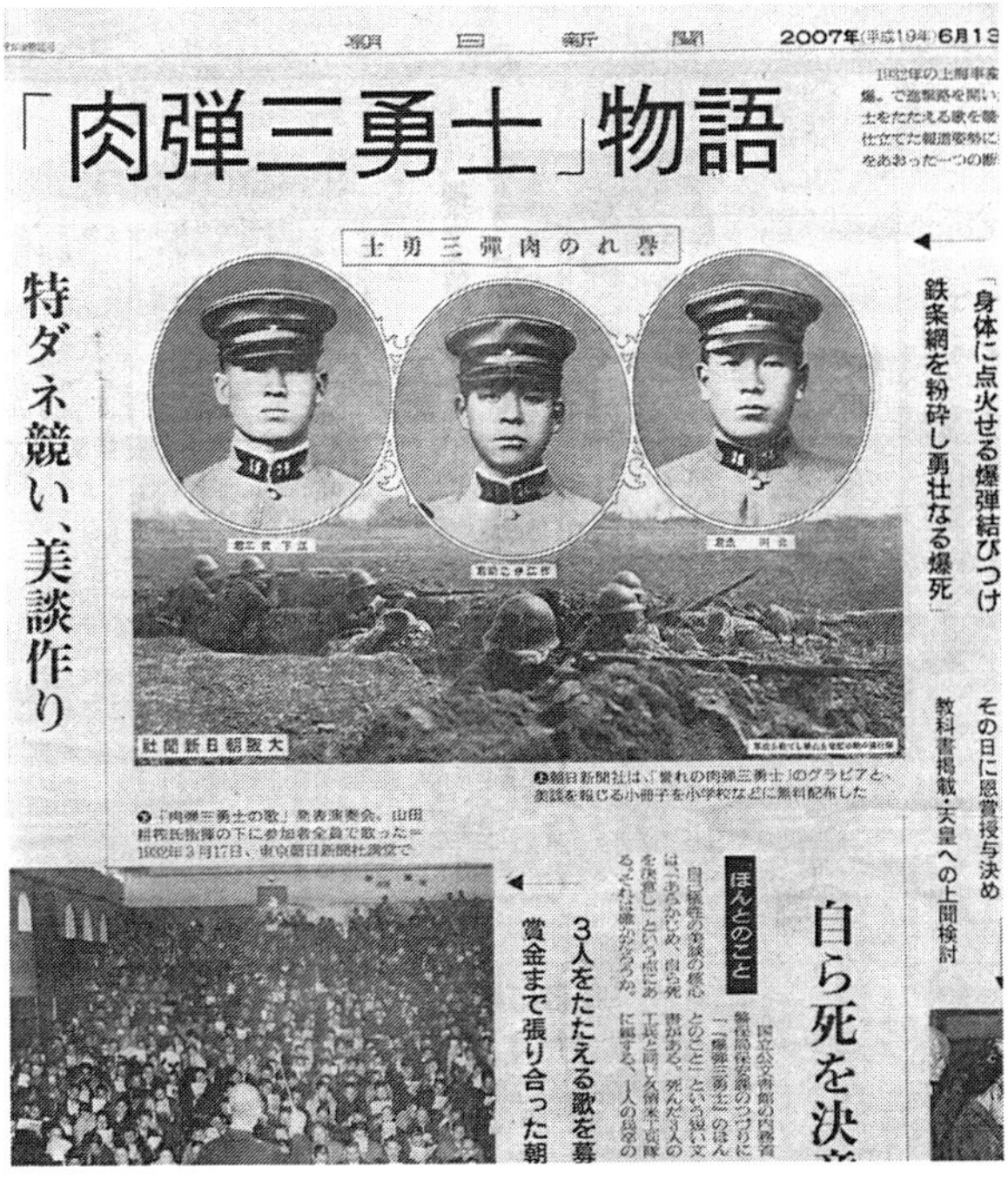
朝日新聞　2007年（平成19年）6月13
「肉弾三勇士」物語
特ダネ競い、美談作り
誉れの肉弾三勇士
大阪朝日新聞社
「身体に点火せる爆弾結びつけ　鉄条網を粉砕し勇壮なる爆死」
その日に恩賞授与決め　教科書掲載・天皇への上聞検討
自ら死を決
3人をたたえる歌を募　賞金まで張り合った朝
ほんとのこと

与謝野鉄幹の作詞の「爆弾三勇士」の歌があり、よく歌った。

〽廟行鎮《びょうこうちん》の敵の陣　われらの友隊すでに攻む
折から凍る二月《きさらぎ》の　二十二日の午前五時〽
〽中にも進む一組の　江下《えのした》　北川　作江《さくえ》たち
凜たる心かねてより　思うことこそ一つなれ〽

昭和十一年二月二十六日、皇道派青年将校が千四百余人の部隊を率い挙兵、内大臣斉藤実、蔵相高橋是清、教育総監渡辺錠太郎らを殺害、永田町一帯を占拠して、国家改造を要求した二・二六事件。

「兵に告ぐ、すでに勅命が発せられたのである。（中略）今からでも遅くはないから直ちに抵抗をやめ軍旗の下に復帰するようにせよ」―懸垂幕をたらした軽気球のもようが強く記憶に残っている。この反乱に参加した近衛師団にたまたま入隊していた人に元四国新聞営業局販売部発送部長井上数一氏がいてこの話を聞いたことがあるが、当時は「何のことやらさっぱり分からなかった」―そうだ。火中にあれば何のことやら分からないだろう。

昭和十二年には七月七日盧溝橋事件、支那事変（日中事変）が起こる。そして日独伊三国防共協定成立、日本が戦争への道をひたすら進み行くのが身を持って感ずるようになる。

国家総動員法公布、近衛首相、東亜新秩序建設を声明するなど、風雲急を告げるご時勢となった。

丸亀十二連隊も安達二十三《はたぞう》大佐に率いられて出征、上海に進撃、同年十二月十三日には日本軍は南京占領、軍国少年らは旗行列、戦勝に酔いしれていく。

昭和十四年九月一日、ヨーロッパで第二次世界大戦勃発（独軍がポーランドに侵攻）これが付け火となり、やがて昭和十六年十二月八日、「大本営陸海軍部発表、本日帝国陸海軍は米英軍と戦争状態に入れり」、真珠湾奇襲攻撃、マレー半島上陸、マレー沖海戦、フィリピン・ルソン島上陸、などなど緒戦《ちょせん》の連戦連勝に国民は酔う。かつての軍国少年はいまでは軍国青年に。

優秀な青年は海軍兵学校、陸軍士官学校を目ざす。こうした中にもユーモアがあった。教練の時間の前に、高中生らが集まって当時流行した〝旅の夜風〟―松竹「愛染かつら」

〽花も嵐も　踏み越えて　行くが男の　生きる途《みち》
泣いてくれるな　ほろほろ鳥よ　月の比叡《ひえい》を
独り行く〽

を気持ちよく全員で歌っている声が折りからの西風に乗って、教官〝まんとく〟中尉の耳に入り、全員運動場三周せよの厳罰を受けた。いい思い出の一つ。

戦雲急迫を告げ、山本五十六《いそろく》連合艦隊司令長官がソロモン上空で戦死、学徒動員令の発令、東京神宮外苑競技場で学徒出陣壮行会の分列行進は悲痛な思いで見守ったものだ。

理工科系以外の学生の徴兵猶予を撤廃したのを耳にし、軍国青年は大学は理科系を選ばなければなるまい。どうせ徴兵されるなら海軍だぞ。何故なら陸軍は鉄砲かついで歩かなければならぬからと決意し、造船工学科を選び、無事入校することが出来た。

軍国青年の思いは、造船学をマスターし、戦艦大和、武蔵級の戦艦設計を夢見ていた。しかし入学する前に武蔵はフィリピン沖での海戦で沈没しており、教授の海軍技術大尉は「これからは潜水艦の時代だ」と連日、潜水艦の設計の講義ばかり。真珠湾攻撃の特殊潜航艇や蛟竜の設計、改良を勉強したものだ。

潜水艦の講義を受けながら、心の中では戦艦大和級の戦艦を

“特潜”　蛟竜のイメージ　５人乗り

戦艦大和（写真提供：呉市海事歴史科学館）

夢みていた。

大和はいうまでもなく世界最強の艦である。不沈戦艦で、船体構造が外の戦艦とは異なるからだ。その絵解きをすると、船体にはバルクヘッド（隔壁）を多く作っている。例えば船腹に魚雷を受けて破損し海水が入ると、バルクヘッドが自動的に締まり、破損した部分を食い止めるようになっており、その間に船側の破損を修理（電気熔接）して海水を戻すしかけになっていたのだ。このほか世界最大の四十六センチ砲を持ち、最大四万二千メートルまで飛ばせる。三万メートル離れても厚さ四十二センチの甲板を撃ち抜けるのだ。ものすごい戦艦で、そのうえとてもスマートな戦艦なのだ。

この世界最強の戦艦大和も昭和二十年四月沖縄特攻に出撃、アメリカ軍に撃沈される。

大和撃沈は日本の運命を決定的にし、同二十年八月十五日、「…朕は時運の赴く所堪え難きを堪え、忍び難きを忍び…」の玉音放送を勤労動員中の岡山県玉野の玉野造船所＝海軍艦艇工場で聞き、大和級戦艦設計の夢は絶たれた。在学中なので、軍艦から客貨船への戦術展開を図った。世界一の豪華客船の設計に頭を切り換えていくのだった。日本には戦艦大和を造艦した技術があり、この技術は平和の時代に推移しても、技術大国に発展し、新幹線、ホンダＦ1、エレクトロニクスなどなどに技術は生かされていった。

一方、世相は戦後の混乱に兇悪事件が続出、小平事件（買い出し女性ら十人を暴行殺害）下山事件（下山国鉄総裁行方不明、常磐線路上で轢死体で発見）三鷹事件、松川事件などなど事件が相次ぎ、かつての軍国青年は造船界から、身を引きオールマイティの業界、マスコミに終生居すわることにして、今日に至る。

ローカル紙に過去三十四年過ごし、うち十八年を論説を担当。作家壺井栄は「モモ、クリ三年カキ八年、ウメは酸いく十三年」というが、それに加えて「ゆずの大馬鹿十八年」と振り返っているきょうこのごろ。

鴨長明の「行く河の流れは絶えずして、しかも、もとの水にあらず、淀みに浮かぶうたかたは、かつ消え、かつ結びて、久しくとどまりたる例なし…」の記述が頭をよぎった。ジャーナリストの一人旅はまだ続く見込み。

参考資料
肉弾三勇士　朝日新聞社
戦艦大和と零戦　文芸春秋社刊

人生の大半を国防に

近藤　一視

五十五年ぶりの帰郷である。十八歳から古里を出て三十五年間日本全国を転勤族ですごし、それからさらに二十年間静岡で波乱に満ちた体験を味わい、ようやく終生の庵を生まれ故郷にさだめて、安堵の第三の人生を歩みはじめたころである。

激動の昭和、大変革の平成…。間違いなく昭和の団塊をくぐりぬけてきた。悔いることがなかったとは決していえないが、今振り返ってその時その状況でやれることを精一杯やれたのが自分の人生だったのだと、あらためて満足している。そこで以下わが人生を振り返り自分なりの時代を駆け抜けた軌跡をひも解きながら、私なりの昭和の証言を残せたらと拙筆をとることとした。

一、幼少期から終戦まで　時の流れのままに

◎　昭和九年、高松市の栗林公園の近くで生をうける。公園は当然子供たちの遊び場で幅二～三メートルの浅い水路を越えれば、出入り自由。公園内に動物園やプールがあり水泳を覚えたのもその時代。園内の蓮池で早朝ハスの花の開くポーンという音をいまでも思い出す。市内に路面電車が走り、これにぶら下がって中心街によく遊びに行ったものだ。車掌も怒らなかったよき時代？だった。

尋常小学校から国民学校になった栗林国民学校で初等科一年生となり「アカイアカイ」の本を学んだ。日本は中国大陸で連戦中、いわゆる軍国時代となり物価統制に入っていたがその影響がとくに厳しかったという記憶はない。父は高松の造船関係の会社で働き予備役で徴兵された。会社の要職にあったため早期に会社に復帰したがほとんど帰宅した姿はみていない。昭和六十一年に亡くなったが、残念ながら戦中のことを聞く機会はなかった。

入学の年大東亜戦争に突入した。もちろん戦争の何であるかさえ理解しないまま、教育勅語や軍人勅諭の奉読をしたが、当時は言葉をいかに早く覚えるかを競争し、得意になって先生に褒められたことしか記憶にない。国民学校に軍隊の立ち入りや教育への干渉があったようにも思えない。大きな転機は勿論終戦である。その直前の二十年七月未明、高松空襲に見舞われる。

◎　B29、グラマン等の数十機が主として焼夷弾を中心に市内を攻撃した。当時は各町内ごとに防空壕を構築していたので、われわれもそこへ逃げ込む。ほとんどが木造家屋なので炎に包まれる。壕内も熱さが高まり外に出る。幸いにも周りに水を張った田んぼが広がっていたので、そのなかで顔や体を冷やし空爆の終わるのをひたすら待った。明け方漸く焼夷弾が止まったので、ほとんどの人たちは公園のなかに避難する。紫雲山の山際には横穴が掘ってありそこへ入ったころグラマンの地上掃射が、帰りがけの駄賃のように地上攻撃を何度か繰り返し何人かが目の前で犠牲になった。わが家はもちろん丸焼けであり、跡地に不発の焼夷弾がころがっていた。丁度わの裏から栗林町になるが、その境で延焼は止まっていた。私の運命の最初の岐路だったのかも知れない。

◎　そして疎開。父の叔父が当時志度町長をやっていた関係をたよって、今のさぬき市志度に疎開し志度国民学校に転校する。同時に終戦。詔勅はラジオもなく身辺混乱のうちに近所の大人の口から聞かされ、父の会社も焼け茫然自失で失職。ところがすぐに近傍の山を購入し果樹園の開拓にとりかかり食うための道を開いた。この作業を手伝うことで体力の向上に役立ったといまでも感謝している。その頃の桃、ミカンの畑もいまはない。

高松に生まれ、一応恵まれた少年期そして空襲と疎開、終戦とただ運命のおもむくままに時の流れに従った普通の少年だったけれども、最小限戦争、空襲の戦禍を体験したことは間違いない。なぜか父の厳格さも一人っ子に集中したのか真面目に生きることの大切さが身に付いたと感謝している。

二、思春期から大学へ　信じた道を…国防を目指す

◎　転校後の学校は田舎故の物珍しさの対象として、周囲の注目を受けたかもしれないが親類の関係もあり今時のいじめやシカトもなく割合早く、周囲に溶け込めたように記憶している。志度、いや讃岐のよさだったと思っている。

学制改革により新制中学校が出来、新制度でスタートした。新校舎は応急に講堂を区切って教室とし、薄い仕切り板をへだてて国語や理科の授業が行われ、耳をすますと隣から質問の答えやつぎの宿題がわかってしまったというエピソードもあった。

幸いにも体力、学業も人並み以上にはあったので就学には問題なく、中学ではとくに担任の小野先生（国語）に目をかけて頂き、その後の進路への眼に見えない糸を作ってくれたと思っている。先生は中学に弁論部をつくりその顧問に就任、私を入部させ大会に参加すべく指導してくれた。原稿を何度も添削してくれて郡内の中学の弁論大会に出場、何度か優勝した。弁論活動ではどうしても時代の子供たちの生活や、教育問題をテーマにするので、なんとなく当時の時代感覚が身に付いたのかも知れない。運動は軟式庭球いまでいうテニス、これは全く芽が出なかった。

◎　二十五年、新制高校に入ることになるが、住居地によって進学する高校が限定された。つまり学区制である。当時香川県の優秀進学校は高松に集中し県東部では三本松高校であった。ところが男女共学が採用され、かつ進学コースをもったわが学区制内の高校は、元県立大川女子高校…これが県立津田高校となってわれわれはそこへ入学となった。

中学の同期から何人かが、越境で高松の高校に入学したが、つれ戻されている。私は経済的理由もあり規定通り津田高校に入学した。全校生徒約八百人中、最初の新入男子生徒約百二十人であった。

活気づいた高校は校友会には野球部・柔道部など男子用のクラブ活動も創設されるとともに、進学クラスを増設し高校のステイタス向上を図った。

高校三年間、新聞部、弁論部、テニス部、応援団長、校友会の委員長など、少ない男子生徒の活動分野は多くかつ受験準備もあわせて、まことに充実した高校生活を送ることができた。

在学中にその後の生涯を決めることとなったあるエピソードを付け加えておきたい。それは二年生の時、香川大学主催の県立高校対抗討論会に参加したことである。あらかじめ主催者から討論のテーマを与えられ、賛成・反対いずれかの立場を提出しておく。トーナメントで双方の賛否が対抗したテーマで討論する。当時まず絶対に対立できるテーマは「再軍備の賛否」であると考え、わがチーム三名はこれを賛成として参加した。

その頃朝鮮戦争が勃発。国内は再軍備が大きな政治問題であった。

他のテーマで文句なく勝ち進み最後の優勝戦に再軍備賛成で臨んだ。時は反戦の嵐のさなか、それなりの論陣をはって論戦し判定で敗れた。しかし自分なりに信念としての国防の必要性に目覚め、結果的だがその後の人生の大半を国防に捧げることになったわけである。今になって人生の不思議な巡りあわせを感じる。

◎ いよいよ大学進学の時が来た。国立一期校、二期校の併願ができたので関西、四国の大学の受験票をとり、あわせて保安大学校（いまの防衛大学校）も出してみた。保安大は他校より試験日が早いこと、合格後は授業料がいらないメリットが主たる動機で国を守る意気に燃える気概は、前述の討論会での思考の域を越えていなかったような気がする。ところが殆ど予期せぬ合格通知に学校も知人も大歓迎し入学を勧めた。県東部での合格者が一人で、共学後の先遣隊的立場もあったようだ。

　かくして防大一期生として国防の任に専念する人生がスタートしたわけである。当時の世相では自ら命を賭する職業につくことに疑問や否定的意見が多かったことは事実だし、学生運動の反戦活動がはなやかになる時代であったが、私の周りからのブレーキはほとんどなかった。丁度朝鮮戦争が勃発し再び国土が戦火を浴びる可能性も取りざたされた。その時の防人《さきもり》に期待する国民意識は決して低くはなかったと断言できる。歓呼の声こそなかったものの二十八年四月防衛大学校に五里霧中のまま入学した。

　強制されたのでもなく、時代に反抗したわけでもなく、あえて防衛の道を選んだのは、人の役に立ち、人を動かして事をなすことが自分の性格にあったと信じた故に進んだ道であった。

三、三十五年間の自衛隊の時代　国民の負託にこたえて

◎ 昭和二十八年四月、当時の大学校は横須賀の久里浜に木造二階だての校舎しかなく建物を四つに区切り廊下をはさんで机百、二段ベッド五十で百人一部屋の集団居室。教室は少し離れた自衛隊通信学校の隊舎を借りて勉強した。この地は幕末にペルーが初めて日本に上陸したところである。

　校長は槇智雄先生。慶応大学、オックスフォード大学出身、慶応大教授の人格・識見について当時の総理大臣吉田茂が選びに選んでお願いした国内最高の学識者の一人であった。防衛大学校はまさしく槇先生あったればこそ此処まで着実に築かれてきたことに異存を挟む者はいまい。とにかく正真正銘素晴らしい校長だった。

◎ 二十八年四月八日、創設なった保安大学校の入校式

が吉田総理の出席を得て挙行されこのときの槇校長の式辞は現在でも防衛大学校の建学の理念としてしっかり受け継げられている。先生が学生に要望された骨子はその一、学生の任務は偏するところのない均衡のとれた人物になること。その二は民主制度に対して的確な理解を要求することである。そしてそのためには学生は有用な国家の一員であり、教養高い社会の一員であらねばならない。四年間の学生生活で、人としての修養練成・理工学、防衛学の基礎知識の習得・指導統率の資格を備えることを明示された。

この薫陶のことばは五十五年たった現在でもなんら変わることのない理念として、燦然として生きつづけていると信じている。まさしく旧軍とは全く異なる新しい時代の国防人の資質として国民に理解してもらわねばならなかった。

学生生活は規律正しくはつらつとして充実したものだったことはいうまでもない。いま思い起こしても胸躍り、体が躍動する気持ちである。三年生のとき新校舎ができて現在の横須賀・小原台上の白亜のキャンバスに移った。特に一期生はわれわれが伝統を作るのだともう一つの使命感に燃えていた。各種スポーツを体験し、校友会では新聞部を立ち上げ、わたしは校友会委員長も経験した。当初は外出も日曜日だけであった。アメリカのアナポリスや、ウエストポイントに負けまい。旧軍の陸軍士官学校や海軍兵学校のいいところを採り入れるが、旧軍とは全く異なる新しい校風を作り上げようと皆で徹夜の議論をつづけながら、学生生活を送った。校長先生も我々の議論を真剣に聞いてくれ正論は即刻採り入れてくれた。

学校職員も学生も一丸となって防衛大学校の伝統と実績づくりに専念した。この校風は現在も脈々として受け継がれている。新しい自衛隊の中枢幹部を養成する目的はいま着実に成果を上げていると自他ともにみとめている。

入校直後のエピソードを一つ。入学したての初めての外出で数人と鎌倉見物に出かけた。勿論、旧軍の海軍兵学校の制服に似たショート丈のノーボタンで、今風の格好いいスタイルで初めての社会へのお披露目。堂々と自信ある行動をとるよう指導をうけてのグループ外出であった。

全員鎌倉八幡宮は初めて。正面の玉砂利を踏んで社殿に進んでいるとき、どこからか「税金泥棒、消えっちまえ！」の罵声と小石が飛んできた。

ある程度のことは覚悟していた我々は、意識して声や石を完全無視し堂々と参拝を終え帰路の参道を引き返した。そのとき参道わきの二〜三軒の土産物屋から中年のおじさん・おばさんが飛び出してきた。「保安大生でしょう。あんなやつらにかかわっちゃいかんよ。国の守りはあんた方しかできないんだよ。国民のみんなが期待しているよ」と励まされたうえ店の饅頭を全員にくれた。このときの勇気百倍の感激は忘れられないし、国の守りは日本人の大半の希求であることを痛感したのである。

◎　私は陸上自衛官として任官した。尚武の地、福岡県・久留米の幹部候補生学校、続いて静岡県・御殿場市の富士学校で初級幹部としての教育をうけたのち三尉に任官した。そして、新任地は福知山・普通科第七連隊であった。部隊の指揮や戦術・戦闘訓練の基本を習う。一般社会人の就職とはまったく異なる生活であるが、国防の使命が最高の拠り所であり、何の疑念も持たず、日夜訓練に専念できた。若い隊員（私も若かった）といっしょに汗を流し、災害派遣に身を挺する経験は充実感で溢れていた。

三十五年の伊勢湾災害では先遣隊の情報収集で最初に被災地に飛び込んだ。遺体、動物の死骸、家屋・堤防等の浮遊や決壊を見たとき、我々がやらねば誰が出来るとの使命感に燃えた。その後の自衛隊生活を通じて幾多の災害派遣に出動したが、その都度瞼をよぎるのは、被災地でお年寄りや体の弱い人達が、派遣活動中の隊員に両手を合わせてお願いやお礼をする姿である。これこそ国民の負託に応えていることだと、この職業を選んだことを誇りに思ったし今も素晴らしい職業を選んだことを誇りに思っている。


三十六年静岡県御殿場市の富士学校においてレンジャー教育を受け、続いて教官になり「〇〇の近藤」といわれる訓練に従事する。レンジャーとはいかなる困難な状況下においても任務を完遂することが義務づけられている。この戦闘行動は軍事に限られることは言うまでもない。現在の自爆テロと本質的に異なる。訓練内容は省略するが、この訓練を通じて、不撓不屈の精神と強健な体力を養った。また各地の消防署や警察のレスキュー訓練も指導した。大阪城の外堀で府警のレスキュー訓練を指導したこともある。

とくにロープによる被災者救助や犯人逮捕の特殊技

術をみると、懐かしさと技術の進歩に感心する。
◎　わが人生のなかに柱があるとすれば、挫けようとしたときこの時代に培ったレンジャー魂であったことは間違いない。昭和の真っただ中で政治や経済とはおよそ縁のない世界で生きた集団があったことは、どう評価したらいいのか。我々が世の中にどういう役割を果たしたとみるのか。平和ボケになり、政治・経済の三流化になっても、まだ自国の存続を忘れてきたこのごろ、何か足らざるものがなかったかを考えさせられるこの頃である。

昭和四十二年東京市ヶ谷にある幹部学校に入校する。昔の陸軍大学校にあたる。ここで国防の基本に関することや戦史・戦略、軍事科学等を中心に勉強する。孫子の兵法やクラウゼヴィッツの戦法を習ったのもこの時である。もちろん世界各国の軍事情勢でわが国の国力について研究した。

課程修了後再び第一線に赴任。北海道の倶知安の中隊長である。ニセコを背にした豪雪地帯であった。ここで積雪地における戦闘訓練に明け暮れる。零下二〇度で機動、射撃、宿営などあらゆる状況を想定した実働訓練を通じて、北辺の防衛への備えを準備した。四国生まれにとってスキー訓練は想像以上に大変だった。雪庇にのまれ、もがけども出られない苦労は経験者にしかわからない。中隊長以下の団結がいかに大切かを実感した。一緒にどんな困苦でも乗り越えられる自信ができた。若い隊員たちの真剣な言動に接すると戦後派も決して捨てたものではない。これなら国を守ることも可能なりとの信念ができた。

その後、陸幕・統幕の幕僚勤務。ついで四国善通寺の十五普通科連隊で三科長（作戦担当）になる。四国を警備担当する部隊である。演習場がなく、九州や中国地方に実弾演習や大部隊の演習に出かけた。往復はフェリー利用だったので軍用車両や小火器を直接携行したが、一般の反応は到って冷静だった。五十七年水島の三菱石油流失事件では油の除去支援に正月三が日を除き派遣されたが、隊員だれ一人文句も言わず黙々と油を掬う姿は頭の下がる思いであった。高松の給水支援、高知の土砂くずれ救出、山林火災など、いろいろな災害派遣で超多忙だったがこの時期も充実していた。

次いで久留米の幹部候補生学校の候補生隊長として、幹部候補生の教育に当たる。溌剌とした候補生に剛健の精神や初級幹部の資質を教えることは、充実感いっぱいであった。このときの私の処世訓はつぎの五つであった。「①文句あるならやってみろ。②考えてやってみろ。③苦しさ乗り越えやってみろ。④自ら進んでやってみろ。⑤力を合わせてやってみろ。…男なら・男ならやってみろ。」この自訓（やってみろ五訓）はいまでも変わらない。立派な初級幹部の養成を目指して生きがいある毎日であった。

◎統合幕僚学校に入校、そのまま教官として残り、次いで五十七年に待望の二十六普通科連隊長として、道北の第一線に赴任する。時あたかもソ連や北朝鮮等からの北方脅威が叫ばれているとき、部隊は極東ソ連の道北侵攻対処として、具体的な対処準備が検討された。国に一歩たりとも敵の侵攻を許さない態勢づくりを懸命に模索した。言えることは、現地の人たちは非常に協力的だった。日本人の原点に触れた感であった。

当時、来栖統幕議長の超法規発言と更迭は臨戦態勢を要求する反面の、政治的矛盾を露呈した事件であり、その後の、文民統制問題や制服の意見陳述の委縮を招いた火種としていまだに糸を引いている。本音として政治・軍事・民事が一体化しないで国が守れるはずはない。安全保障の原点についてどうして踏み込めないのか。

下番後、幹部学校、静岡地方連絡本部長、東北方面総監部監察官を経て、ふたたび幹部学校の主任研究開発官で東京勤務。平成元年定年退職となる。

再度、繰り返すが、約三十五年間の自衛官生活で些細な失敗や錯誤はあったものの、全く悔いのない人生であったと自負できる。仮に防衛大学校に入学しなければどんな人生になっていただろうかとの、未練はまったくない。昭和の大半を国防に生きた一人の男は、戦争のなかった僥倖に感謝しつつ、もし最悪の時にはイラクやアフガンでの国際救助活動で自衛隊の献身的活動に見るごとく、私も自ら志願したであろうと確信する。

四、昭和から平成に…青天の霹靂…波乱の第二の人生

◎わたしの昭和は自衛隊でおわりを告げた。

六十四年すなわち平成元年、定年を目前にして、寝耳に水の呼び出しが部外からあった。就職先の打診ならば出所が違うが?と、出向いたところとんでもない話である。国政選挙に出馬してくれないかとのことである。軍人は政治に関与せずと教わってきた者に選挙など考えられないと断ったのは当然である。ところが、時、安保論議が盛んになり、国会でその道の専門家が

必要なこと。当時の政党の中で、もっとも自主的で建設的・かつ独立国家を目指していた民社党からの要請である。（残念ながらいま民社党はない）防衛庁も異論なしで、家内の大反対も押し切られ、当時の静岡二区からの公認候補となった。

支援母体は民社同盟系の組合、自衛隊ＯＢ、それまで同区で支援していた民社グループであった。経験皆無、金なし、出身は全くの他県出でいわゆる地盤・看板・かばんのない者の選挙は当然苦戦であったし、選対の人達も大変な苦労をしたと頭が下がった。

選挙区が静岡であったのは静岡地方連絡部長の二年間勤務と、御殿場地区に自衛隊があることだったが、それまでに全く経験のない衆議院選挙で候補者として、あいさつ回り・集会・演説会・街頭でのお願いに眠る時間を惜しんで東奔西走した。しかし女神はほほ笑まなかった。現在のような知名度やタレント性もなく、自衛隊ＯＢだけで当選は無理だった。そして選挙三回ついに当選することなく政治の世界から足を洗うことになる。しかしこの約八年間の経験は何物にも代えがたい無形の財産として妻や家族に強い絆を残してくれた。

◎　選挙を通じての静岡での人々との結びつきは、同地から撤退しようとしたわが夫婦を物心両面で支えてくれた。その後Ｋ学校法人、Ｓゼネコン、Ｓ人材派遣会社・Ｎ証券等、各社の顧問や相談役・参与として面倒を見てくれたことに、改めて深く感謝の言葉を申し上げたい。とくに良き人間関係から生まれた信頼は利害を超えた素晴らしい人生を作ることができることを実感しているこのごろである。

平成二十年四月、義父が九十八歳でいまだに一人暮らしであり、唯一の親への孝行も大切な人の道だろうと考え郷里に里帰りしたのである。生まれ育った土地や故郷の人々は我々を実に温かく迎えてくれている。昭和から平成へ、社会の進歩・変化は図りしれないが、ひとの交わりだけは続いて欲しい。これが崩れた時は人間社会でなく、ロボット・エーリアンの世界になることを肝に銘じたい。人が信じられる社会に生きてゆきたい。

この昭和の証言は、激動の昭和にこんな生き方をした男と支えてくれた妻や友人、そして多くの人たちが私の昭和史を作ってくれたことを心から感謝しつつ、またこれからの人生に強い絆をつくって行くことを祈念しつつ拙文を終わりたい。

思いつくままに

池上　任

昭和が終わって平成になって早くも二十年が過ぎた。近代になってから明治、大正、昭和、平成と元号は四回変わったが史上最長の年号は昭和だった。正味六十二年余続き当時の官房長官、小渕恵三がテレビで「平成」と宣告した時から二十年も経たのである。時の経過は早いものである。

俳人の中村草田男が「降る雪や明治は遠くなりにけり」という句を詠み、時代の経過を表現した名句として知られる。「光陰箭の如し」の言葉と同じく「昭和も遠くなりにけり」という感が強い昨今である。

昭和はその前半は満州事変、上海事変、支那事変、大東亜戦争と戦争が相次ぎ初戦の勝利も束の間、次第に戦局は不利になり、ついに敗北となる。日本の国土は焦土と化したが復興も早く今日、世界有数の国家になっている。反面、何事も便利な社会は自己中（自己中心）という新語に象徴されるように国民のモラルの低下を招き、世界一安全な国から危険な国になって来た感もある。そこでこの〝動乱の昭和〟を生き抜いた者の一人として昭和とはどういう時代だったのか綴ってみよう。

北京郊外での一発の弾丸炸裂に端を発した日中の戦争を当時、支那事変と呼んでいた。当時、北京には各国が軍隊を駐屯させており、この日中の衝突も原因ははっきりわかっていないようだった。事変というのは宣戦布告のない戦争で、この支那事変は第二次上海事変とも呼ばれ当初は局地戦争であったが日本陸軍の独断もあり次第に泥沼の戦いになり戦域は中国の全域に広がっていった。わが国は国民総動員体制を採ったが軍部の独走により戦域はずるずるとアジア全域に広がる文字どおりの大東亜戦争になっていった。

支那事変は戦後、日華事変とか日中事変、そして今では日中戦争という呼称になっている。戦争の呼称一つとっても時代によって変化していることが分かる。

大東亜戦争は米英に対して昭和十六年十二月八日に宣戦布告、帝国海軍の連合艦隊がアメリカの海軍基地の真珠湾を奇襲、開戦になる。米英との戦争は歴史的には第二次世界大戦とか太平洋戦争という呼称になっている。

米英蘭仏中国との戦いが中心で初めは快進撃だったが、ついに日本本土は米軍の空爆によって主要都市は壊滅、軍民合わせて何百万人もが犠牲になってしまい最後に無条件降伏という事態になった。あの敗戦は終戦という新語でごまかされたような雰囲気であった。

連合軍によって占領統治され進駐軍という名の占領軍が間接統治する。ＧＨＱ（連合軍最高司令部）によって大日本帝国憲法も改正となり、日本国憲法が制定され戦争を放棄、軍隊も持たない国になった。しかし制定三年目には北朝鮮の南朝鮮（韓国）への侵攻により南北が戦争を始め国連軍が出動する。これを当時は朝鮮動乱と呼び現在では朝鮮戦争と言っている。この隣国の動乱にわが国では不測の事態を考慮してか、警察予備隊を創設、のちに保安隊、海上警備隊になり今日の自衛隊になった。

この間に対日講和条約が調印され、占領統治が終わり独立する。戦後の焼け野原から立ち上がって十年もするとテレビが出てきたり国土の復興は早かった。そういう動乱の時代も生きてきたわけである。

私は大正の終わり、もうすぐ昭和という十三年甲子年に生まれている。この甲子に開場されたのが干支を採って付けられた甲子園球場である。大正は十五年で天皇が崩御、あっという間に大正は過ぎて昭和となったが私はやっと這い出したころである。幼少年時代は昭和初期であり証言者としては適任だろうが幼児のことで余り記憶はない。

公務員を経て人生の中間辺りで軽印刷業界に入り、今も各種印刷物それにまた出版に力を入れている。印刷物の出版はいわば「紙碑」であるから自分史みたいなものにも力を入れている。また地域文化の向上にも努めて県バドミントン協会の会長を長く務めているし、農林振興財団理事長を務めている。

第二次大戦中には当初は県立木田農林学校（今日の香川大学農学部の前身）時代、卒業寸前に海軍へ学徒動員となり、呉の海軍工廠に派遣された。戦艦大和の修理に当たったこともある。歴史に残る大和だからこの大艦の現役時代に艦橋に立った者としては希有である。大艦巨砲主義の象徴のようなこの巨大な戦艦、戦争末期に沖縄戦に出動、ついに轟沈されるこの戦艦の修理に当たったのは思い出である。

しかし徴兵年齢に達し陸軍に現役入隊、一兵卒として中国戦線に派遣されていた陸軍歩兵四十師団（鯨部隊）の一員として主に南支の岳陽や汨羅などの粤漢鉄道沿線の打通作戦に加わった。今日では南支は華南という呼称になっている。部隊は桂林に進攻、ここで終戦を知らされた。敗戦の結果、敗残兵となった鯨部隊も桂林の街から徒歩で上海まで北上したのであった。

翌年の二十一年に復員船の便があり無事に夢にまで見た祖国に復員、農林省の役人になり、のちに高松市役所に入庁できた。

日本に着いたところは長門（山口県）の仙崎という日本海側の街であった。そこにはもう進駐軍のＧＩたちが大手を振ってジープを飛ばしていた。マッカーサーという米軍の元帥が統括者であった。

われわれは華南で別に分が悪いという戦況でもなかったので復員して国内の被害の大きさに驚き敗戦を実感したわけである。

もう一つ日本が負けたという実感を持ち込んだのは米軍の進駐軍がバドミントンを普及させたことである。この新スポーツに関わることになるがある日、思い切りよく転身、市教育委員会もやめて印刷業を始めた。その時もう三十九歳だったから今から考えればすごい決断であった。

満州事変の起きた昭和六年に尋常小学校に入って国定教科書の「ハナ　ハト　マメ」を学んだわたしはまだ臣民の気持ちが捨て切れずにいた。まだ「サイタ・サイタサクラガサイタ」ではなかった。

わたしは現在の綾川町、当時の綾歌郡陶村の生まれで昭和と言うと懐かしい響きがする。隣の千疋村が畑田村と合併して昭和村になったのが昭和四年であった。昭和という新鮮な呼称が思い出される。その後に高松市にも昭和町が生まれた。「昭和の子」という歌もあったが何か新しい時代と感じさせられた。

それと偶然であろうが昭和になってすぐに琴平電鉄が開通してわたしの実家近くに陶駅や挿頭丘駅ができたし、近くに変電所のビルが建ったのも懐かしく昭和の印象としてはっきり記憶に残っている。

モダンな屋根の滝宮駅もできて、小さい頃から両親に連れられたりして琴電の電車に乗ったこともあった。この北欧風な滝宮駅は後に少し改装されているがヨーロッパの山小屋風のモダンな駅舎である。

琴電陶駅は落ち着いていて農村の駅というたたずまいである。琴電創業者の大西虎之介の凄いアイデアが感じられる。

ところで昭和元年はわずか一週間で二年になった。琴電に続いて四年に塩江温泉鉄道が開通、仏生山から塩江までガソリンカーが走り温泉が脚光を浴び、屋島ケーブルカーも開通した。これとは別にまた坂出—琴平直通の琴平急行電鉄も開通して子供ながらにも平和を満喫していた。飯野山の北側を走って琴平へ行ったのであるが飯野山は讃岐のシンボルでる。

五・一五事件や満州事変という戦争の前触れみたいな出来事が続いていたが、讃岐から三土忠造という代議士が出て、文部大臣や大蔵大臣、鉄道大臣になったことは仄聞していた。坂出の人となっているが、生まれは東かがわ市で、三嶺とか智山とかの雅号を多くの揮毫が残っている。

坂出の常盤公園にも銅像がある。この時代、琴電に綺麗な新品の車両が走っていたのは珍しかった。電車と共にバスも登場している。今日はバスというがそのころは乗合自動車と呼んでいた。乗合自動車は高松市内などには走っていたが陶村辺りではこの琴電の電車が珍しく素晴らしかった。これに乗ればすぐに高松市内に行けた。

わたしは昭和六年に陶尋常高等小学校尋常科に入った。丁度満州事変が起きた年である。しかし子供だから何も知らず田舎生活を満喫していた。このころに陶尋常高等小学校に山本佳太郎先生という校長先生がおられて、この方が郷土教育というのを提唱、今でいう地域学である。これを提唱、実践させた。太巻正一先生を中心に推進、郷土科という学科を作り徹底的に村内のいろいろなものを調べさせていた。これらのデータを基に村をよくする企画など考えたのである。これを陶教育と呼んで評判になったのである。

まさに今でいう香川学である。地域の発展のためには何と言っても地域の知悉である。あらゆることを知悉してこそ街づくりができるのである。風土をよく知ることである。山本先生の発想は八十年、もっと早い発想であっただろう。

昭和五十年に四国新聞社刊で発行した「昭和五十年史」にもこの陶教育を書いている。その中にも太巻先生やご高齢だった山本先生のお話も出ている。

そのころの新聞社の編集局長は偶然に陶村出身の阪根義雄さんであった。知っているどころか大変よく存じ上げていた。大先輩で陶小学校きっての秀才といわれた方で高松中学校から大阪外国語学校に進んだ人であった。

太巻先生の郷土教育は今でいうなら地域学というのであろうが香川学である。さきほどの話のように基本的には郷土のことをよく知らないといけないから、陶小学校の郷土教育では国語や算数も地域色を織り込み徹底して研究調査してやったのである。

村にある十瓶山というむすび型の小山を自然教育の教材にした。「陶の光」という定期刊行物も発行、こうした研究を村の自立更生に役立てた。昭和大恐慌のあと政府は地域の自力更生を強く推し進めていたのにも合致したようである。わたしの在学中に陶小学校は内務大臣表彰を受けた。山本校長は生活の直接体験学習が郷土教育に貢献すると考えておられたようである。村中の犬や猫の頭数とか、もちろん牛馬の頭数も子供たちで調べ家庭の畳数、屋根瓦の枚数も調べるという徹底したものであった。

戦時色の濃い時代になってこの十瓶山麓に日輪兵舎というのが建って皇民教育に使われたりしたが、ここは古代の陶器の窯跡があることで知られていた。

あの日輪兵舎は茨城県にあった満蒙開拓義勇軍の内原訓練所のような感じであった。わたしは陶尋常高等小学校尋常科を終え、十三年に高等科に入った。そうでないと県立木田農業学校には入れない。この学校はのちに農業専門学校になり農科大学になる学校である。今の香川大学農学部である。

ところで十二年七月七日には日中戦争いわゆる支那事変が始まるのである。前年に二・二六事件が起き、さらに支那事変になって丸亀の陸軍歩兵十二連隊に動員令が下り、安達部隊として連隊長安達二十三大佐（のちに中将）の指揮下に出動、黄海を渡って上海に敵前上陸、戦時体制に組み込まれた。国家総動員体制とか大変な時代であった。

全国入選した琴平出身の久保井信夫さんの「愛馬進軍歌」が戦意高揚に役立ったのも思い出す。あれはほんとうに愛馬に対するいたわりであった。『馬よぐっすり眠れたか、明日の戦は手強いぞ』なんて歌詞を口ずさむと胸が詰まったものである。

ところでわたしの実家が小作地も持っていたのでわたしは農業学校に進んだが師範学校にも合格していたので迷った。当時師範学校の入学は中学校卒からの二部と高等科を終えてからの一部があった。とにかくこの師範と農学校の両方に合格して師範学校にしようか農学校にしようかと迷ったが教員という職業は余り性分に合わない気がして農学校にした。

農学校への通学は綾歌郡から香川郡を経て木田郡まで行くので大変である。当時は長距離を通うのはみんな普通であったのでわたしは琴電陶駅から五つ目の仏生山駅まで電車で通い、そこから自転車で学校まで通った。仏生山駅から三谷村を抜けて川島町、そして十河村を経て平井町に入り長尾行きの電車線路をまたいで学校に到着である。学校は今の香川大学農学部である。

当時の同級生は百二十人いてほとんど第二次大戦に出征して戦死した者も多く出たが生存者は今日八十四、五歳だが半分近く元気で毎年、同級会を開催、楽しい限りである。同級生には県農林部長を務めた前場重信君や高松市助役を務めた矢野輝夫君らもいる。戦争に駆り出されたのは苦しい思い出であるが兵役は当時の国民の義務だったし有無を言う訳には行かない。

木田農学校は農林学校からの長い伝統があり、メタセコイヤの発見者で世界的な生物学者三木茂博士などそうそうたる人が出ている。また金融業のパイオニアの神内良一さんもそうだし、多くの人材が出ている。

ここでは農業学という当時の日本の基幹産業の勉強をしたのだが中国戦線が長引き、ついに日本は十六年十二月八日に米英に対して宣戦布告、大東亜戦争に突入することになった。戦後、太平洋戦争という呼称になった世界大戦である。

『日本は本日十二月八日未明、帝国陸海軍は北太平洋において米英と戦闘状態に入れり』という甲高いラジオの臨時ニュースは今に耳朶に残っている。日本海軍は真珠湾奇襲、マレー沖の海戦などによって米英の心臓部に攻撃を加えた。われわれは来るべきものが来たという感じであった。

こうして戦時体制になり、国民精神総動員など滅私奉公が強行された。このころの「欲しがりません勝つまでは」という標語が有名であった。こうした最中ついに十七年九月に学校は戦時繰り上げ卒業となり、わたしは筆を捨てて学徒出陣で呉海軍工廠に動員され軍務に服することになった。呉には損傷した巨艦の戦艦大和がドッグに入っていて、これの修理に邁進させられたのも思い出である。

他県から動員されてきていた中学生らを指導しながら、ビルみたいに大きい戦艦の船首部分の傷の修理に力を入れた。修理されて大和はレイテ沖海戦などに連合艦隊の旗艦として出動、戦争の末期には沖縄戦に出動、ついに轟沈となり三千人の将兵が海の藻屑となった。大艦巨砲主義はもう時代遅れで戦争は航空戦になっていたのである。

平成十八年に映画になった「若者達の大和」のセット

を尾道で見学して、また呉ではミュージアムを覗き、当時を思い出し胸が詰まった。わたしが現役入隊したのは陸軍であったが徴用されたので海軍の方も少し経験があるわけだ。大和のことについては実際に修理していたし毎日見ていたので昭和の生き証人とは言えるだろう。

呉のミュージアムの大和は十分の一の模型、それに尾道には映画のセットが保存されていて実物大で一部展示されていた。わたしが子供の時に陸軍の兵隊は演習の途中を実家近くでもよく見ていたが、海軍の兵隊や軍艦は徴用になるまで見ることはなかった。

十九年に徴兵年齢に達し、呉で兵隊検査を受け、十五年に新設されていた陸軍第四十師団隷下の高知編成の歩兵二三六連隊に現役入隊となり、すぐに中国山西省燐粉に派遣させられ、ここで教育を受けた。

四十師団が鯨部隊という防諜名であった。鯨部隊という勇猛部隊は、中支つまり華中に展開していた。そこから華南に向けて粤漢鉄道打通作戦という重い任務を与えられた。武漢から桂林まででも相当長距離だから大変である。

この鉄道は広西省の桂林から武漢の方に通じるルートで粤漢鉄道という。わたしは平成十一年に旅行で広州から桂林に行ったことがある。この桂林から武漢の方にビルマ方面から英米軍が中国軍を支援していたので、それを断ち切るために打通作戦を展開していたわけである。援蒋ルートという名の作戦でこれを阻止するために日本軍が展開したのである。

ビルマから英米軍が蒋介石に援助していたのを援蒋つまり蒋介石援助のルートを阻止しようとしたのである。武漢を過ぎると間もなく岳陽である。岳州ともいうようで、ここの町に洞庭湖がある。杜甫が「天水一色」と詠んだ湖で、若い兵隊たちだれもこの詩は知らない。

四十師団は昭和十四年に編成された部隊で、わたしは高知に産声を上げた二三六連隊に現役入隊して武漢などを経て桂林に鯨部隊の二三四部隊などを追及した。三か月の新兵教育で、それも初めての異国である中国に派遣され、すぐさま実戦だから大変。わたしは第二大隊第七中隊の所属であった。

鯨部隊は戦後にこの部隊の宣撫班にいた大森茂という人が「鯨大地を征く」という実話ルポを書いている。安達部隊などの十一師団は防諜名を錦部隊と言っていた。十一師団が日中戦争の初期に上海に敵前上陸などしたが、そのあと大陸には鯨部隊が行った。これが江南作戦で岳陽の洞庭湖畔から三〇〇〇キロを進軍した。

大森茂という作家が昭和四十年代に四国新聞に書いた「鯨大地を征く」という連載記事は大変詳しく好戦主義でなく忠節という文脈で書いていた。この人は鯨部隊の宣撫班にいた人でその辺りを詳しく書いていた。

汨羅辺りではあの端午の節句のチマキの話の発祥といわれている。中国の古典にある楚の屈原の諫言の話があり、五・一五事件のさいにできたという〝汨羅の淵に波騒ぐ〟なんていう「昭和維新」というような歌も思い出される。

しかし兵隊にそんな呑気な漢詩を思い出す余裕なんてない。命懸けだから夜空を焦がす敵弾の轟音、応戦する日本軍、命懸けの第一線である。それに私たちが進軍中は夏であり、まさに落雀の暑さである。桂林では両側が川という細い道を進撃中に敵弾がすぐ脇で炸裂、その轟音に圧倒され倒れたわたしは腰を抜かすというのかばったり倒れて失神寸前であった。しかし戦友に助けられて命は助かったが第一線の戦地は轟音の中であった。

数年前に秋田の大曲の花火大会を見に行ったが、あの物凄い轟音に六十数年前を思い出したものである。第一線の戦場を経験したものでないとわからないであろう。

華中つまり中支の暑さは例えようがないほどだと聞いていたが本当に暑い。落雀の暑さと言うのは電線に止まっている雀が焼き鳥になって落ちるほど暑くなると言うから。これはオーバーだが華南は暑い。

桂林市内に進撃したときはもう先に攻撃していた連隊が陥落させていた。昭和十九年の晩秋であった。それでも各地で戦闘があり塔に逃げ込んだ敵をトーチカを掘って爆発させたこともあった。敵地であるからどこに敵がいるか分からない。奇峰がそびえる美しい桂林も市民はどこにいるのかさっぱりわからなかった。勝てるかどうかは分からないが負けるとは思わなかった。

ところが日本は米軍の内地空爆、さらには原爆投下などにより二十年夏に無条件降伏、現地の部隊も降伏した。そこでわれわれ降伏した部隊は南京に移り武装解除、復員になったわけである。

内地への帰着は二十一年五月二十日で、復員船の着いた港は山口県仙崎であった。港で韓国人に所持品を奪われたりした戦友もいた。戦争に敗れたという悲哀を実感したものである。

それから陶村までたどり着くまでも大変であった。車窓に見える都市は焼け野原だし、噂に聞いていた広島も復興しつつあったが新型爆弾というものの威力を見た。こうして月末に陶の生家にたどり着いた。

ところが家中に線香がにおっていた。二年半ぶりぐらいに見る母に聞くと「お父さんは五月八日に死んだ」と言うのである。もう少し早く帰れていたらと思うとぐっと涙が込み上げてきた。

戦争というものは非情なものである。戦地もそうであるが銃後というのか家族も大変であった。しかし苦しい戦後を経験、新日本建設に努めたのである。

耐乏生活といっても食べてゆくには仕事が必要だが復員軍人がわんさとおり、就職もままならずにいたところ運よく農林省高松木炭事務所に勤めることができた。

ガソリン統制で自動車などは木炭が燃料の時代であった。当時、貨物自動車と乗合自動車が少しあるくらいで一般の自家用車はない時代だが燃料の木炭は家庭用にも必要であり、統制で配給時代であった。

統計によると戦後の県下の貨物自動車は二千五百台であった。ガスなどないし薪が燃料であった。進駐軍も来ていて軍政府もあった時代である。

そこにしばらく勤めていて二十三年に高松市に採用になり教育部に配属された。まだ教育委員会制度ができておらず教育部であった。市長は国東照太さんの時代であった。教育部長は高松第二高校（のちに一高と統合）の校長を務めた森崎隆先生で、この人は後に参議院議員になった。教育委員制度ができて私はその事務局に勤務、アメリカが持ってきたバドミントンにかかわることになるのである。

市教委に勤務したがのちに三十七年、軽印刷業界に入り美巧社を設立。今日に到っている。今日では郷土誌の出版に力を入れて、多くの出版物を刊行、地域文化の一端を担っていると思っている。

昭和、日々の思い出

三宅　洋三

子供の頃

私は昭和三年（一九二八年）十一月十九日福岡市薬院町で生まれる。父が昭和五年、三十歳で岩手医学専門学校の外科学教授に就任したため生後一年六ヶ月で、岩手県盛岡市に移り内丸幼稚園に通う。私の記憶は盛岡から始まる。昭和十年一月父が高松に帰り開業するに伴い六歳三ヶ月で高松に移り、四月香川県立師範学校附属高松小学校に入学する。

昭和六年（一九三一年）満州事変、昭和十二年（一九三七年）支那事変、昭和十六年（一九四一年）三月小学校卒業、四月香川県立高松中学校入学、同年十二月八日真珠湾攻撃により第二次世界大戦（当時は大東亜戦争と呼んだ）勃発、昭和二十年（一九四五年）三月中学を四年で卒業、七月九州帝国大学附属医学専門部入学、八月十五日終戦と、小・中学校時代は戦時色一色であった。

昭和十二年度入学の中学生から、従来の黒色丸帽、黒の詰め襟の洋服から帽子も洋服も国防色、ゲートル着用となったが昭和十六年入学の我々から帽子は国防色戦闘帽、洋服は国防色折り襟の兵隊と同じ戦闘服、ゲートル着用、肩から斜めにかけたカバンも国防色背嚢と変わり兵隊と同じ服装になった。スポーツ部も敵国競技ということからバレーボール、バスケットボール、テニス、サッカー、野球は禁止となり、柔道、剣道、銃剣道、ラッパ、体操、水泳部のみが残り、音楽の時間にはドレミファソラシドがハニホヘトイロハに読みかえられ、正課でも軍事教練が強化された。第二学年からは出征兵士の留守宅の応援として夏の麦刈り、秋の稲刈りの勤労奉仕が始まり、更に第三学年には軍用飛行場として林飛行場建設の勤労奉仕が加わり、第四学年には四月から毎日朝六時の特別仕立ての連絡船で対岸の岡山県玉野造船所に勤労動員として通い特殊潜航艇、輸送船、海防艦の建造に従事することとなった。結局中学校での授業は一年の一年間と二年、三年の半分位で四年は春・夏・冬の休みもなく授業も全然なかった。

従来中学校は五年卒業制で四年から受験できる高等学校、軍隊関係の学校合格者のみ四年修了が認められていたが私達の時は、軍の要請で一年間短縮となり全員四年卒業となった。当時高松中学校の卒業生はほとんどの人が上級学校に進学し、中学卒で実業につく人は少なかった。三年の終わりに進学志望校の調査があり四年になると軍関係（陸軍士官学校、陸軍経理学校、海軍兵学校、海軍経理学校、海軍機関学校）の志望者五十名は東組に集められ軍人組と呼んでいた。他は西、南、北組各五十名ずつで高等学校から大学にまたは専門学校へと進むのが普通であった。

私も医者の家に育ち母も常々「医者は人をたすけるよい職業だ」と私たちに言い聞かせていたため医者以外の道は考えたこともなく父と同じく高等学校、九大医学部に進み医者になるのが当然と考えていたので岡山の第六高等学校に願書を出していた。中学時代は剣道部に所属し二年で初段、三年で二段の免許をとり学期末試験にも特に苦労したこともなく、中の上位の成績だろうと考えていた。特別、素行問題をおこしたこともなく平々凡々たるいわゆる真面目な生徒だったと思っていた。上級学校への入学試験は第一次、中学校からの内申書審査、第二次、学科試験、第三次、面接試験となっていたが、まさか第一次の内申書審査で落ちるとは考えてもみなかった。何か受け持ちの先生の機嫌を損ねることでもあったのだろう。この昭和二十年（一九四五年）は第二次の学科試験が廃止され、後にも先にも上級学校の入学試験に学科試験が免除になった珍しい年であった。しかし軍の要請で中学校の卒業が一年繰り上げられ、二十歳の徴兵制が十九歳に繰り下げられた時代で学校に行かずにのんびりと浪人生活が送れるわけもなく、学生でなければ軍需工場に工員として徴用される時代である。

当時の上級学校入学試験は一期、官立高等学校、二期、私立高等学校、私立大学予科と官立専門学校、三期、私立専門学校に分けられ、試験日の関係で一期一校しか受験出来なかった。早速二期校の九州帝国大学附属医学専門部に願書を提出した。一次内申書審査に合格し、二次学科試験はなく、三次面接試験に合格した。従来なら中学校を三月に卒業し、四月に上級学校に入学するのだがまたもや軍の要請で今、中学生の勤労動員の手を抜くと戦力に影響するから三月卒業は認めるが上級学校入学は七月一日まで延期されることとなり上級学校の資格で現在の勤労動員を続けることとなった。中学生の時十三円貰った給料が十六円になった。六月二十八日まで玉野造船所での動員を続け七月一日入校のため、六月二十九日福岡に向け出発することとなったが六月二十日の空襲で博多駅が全焼しチッキ（当時国鉄で旅行する時、手提げ以外の大きな手荷物は同じ列車の貨物車で預かってくれ、下車時に受け取ることが出来た）を受け付けてくれない。仕方なく夏のことだから、フトン、衣類等の大きな荷物は後で貨物扱いで送ることとし、リュックサックに軍隊の飯盒の中に米一升を入れ、夏の下着上下十枚、学生服予備一着、ノート十冊、鉛筆一ダース、夏用タオルケット一枚、三畳吊り蚊帳一張りを詰めて出発することになる。途中岡山の六高に入学したが倉敷の臨時校舎に疎開していた親友の飯原啓吾君を訪ね、数時間を過ごして倉敷発夜十時ごろの博多行きの列車に乗るべく、駅で飯原君と別れた。当時の汽車は軍事輸送が優先していたため本数も少なく、大変混雑していた。汽車が来てもギュウギュウ詰めでデッキまで人が溢れている。やっと前の人を押し込んでタラップに足をかけ両手で手摺りにぶら下った途端、汽車が動き出した。リュックサックが大きく身動きも出来ない。次の広島までは三時間位か、る。我慢出来なくなったら片手ずつ手を抜いてリュックサックを捨てなくてはと考えていた。私のすぐ前にいた小母さんがモンペの上に締めていた帯締めをほどいて私の腰の後を通しデッキの両方の手摺りに結んでくれた。本当に助かったと思った。この帯締めにもたれながら広島に着いた。広島は未だ空襲を受けず多くの人が下車しやっとデッキに上がりリュックサックを降ろし、これに腰をかけることが出来た。

九州帝国大学附属医学専門部

博多に着くと駅も何もなく周囲一面焼け野原である。福岡市は海岸線に沿って南北に長く街の真中を横断して流れる那賀川の中洲を境として南のお城を中心とした武士の街を福岡、中州の商店街より北、商人の街を昔の名前で博多と呼ぶ。汽車の駅は博多にあり博多駅と称し、大学も博多にある。医学部は博多の街でも中心部に近い東公園の前、吉塚にあり法文、理学、経済、農学、工学部は更に北の箱崎にあり博多の北端に当たる。

医学部周辺から北の大学地帯は焼けていない、またお城から南の住宅街も焼けず街の中心部中州を含む商店街と博多駅付近は全焼し瓦礫の山である。父は当時九大第一外科教室の石山教授の要請で、高松の病院は九大一外科教室からの出張医に任せて、小倉に新設された九州医科歯科専門学校の外科学教授兼病院長として単身赴任していた。父から下宿は石山教授にお願いしてあるから博多に着いたら直接石山教授を訪ねるようにと言われていたので博多駅から人に訪ねつつ約二キロメートルの焼け跡を辿って九大医学部第一外科教室の石山教授を訪ねた。「君の下宿は探しておいたが空襲で焼けてしまった。しかしその人が世話してくれると思うから一緒に行こう」と今度は博多駅の反対方向、中州を通り春吉まで約五キロメートルを一緒に歩いて下宿まで連れて行ってくれた。焼け跡に焼け残った廃材を集めて六畳位の家を建てている。石山教授は「この間、頼んでおいた三宅君が来たから頼むよ」と声をかけて帰ってしまわれた。

家にはいると空襲で焼かれて十日目である。焼け残った廃材を集めて雨露をしのぐだけで周囲の壁もなく廃材を並べて立ててあるだけである。勿論床もなく廃材を並べて筵を敷いただけである。六畳間に夫婦と子供三人、私を入れて六人である。「戦時下だから我慢して、ゆっくりと室を探したらよいよ」と小父さんが言ってくれ、小母さんが雑炊を炊いてくれた。電灯もなく夕食が済むと夜は真暗闇である。翌七月一日は入学式である。朝六時ごろ下宿を出て大学に七時ごろ着く、大学は焼けていないので大講堂で入学式のセレモニーが行われた。

医学部のある吉塚から北へ馬出、箱崎、網屋町、帝大前の終点と電車の駅があり、この辺は焼けずに残り昔からの学生街で下宿が多いと聞いていたがどの家が下宿させてくれるのかわからない。入学式に出席した同級生は二百名いるわけだが知り合いは一人もいない。入学生は九州の学校出身者がほとんどで中学校の同級生同士たむろして話し合っている。一人芝生で座っていると「煙草吸わないか！」と声をかけてくれた人がいる。若松市から来た加治昭三君だった。生まれて初めての煙草を貰って火を点けてくれた。初めて話をする人が出来た。彼は博多から一時間位のところの若松から来たが下宿の話をすると一緒に探してやろうと入学式の済んだあと箱崎から帝大前まで一緒に歩いてくれた。

一軒一軒玄関を開けて「九大の学生ですが下宿お願い出来ませんか」と尋ねて歩くわけである。三日目に電車の終点の帝大前から約一キロメートル離れた田圃の中の一軒家で二階四畳半の室を三食付き十五円で借りることが出来た。加治君も帝大前の停留所の近くに下宿していて、毎日彼と一緒に過ごすようになった。医学部からは約三キロメートルあるが電車は動かず毎日往復徒歩通学である。前の下宿から比べれば壁もあるし畳もあり電灯も点く立派な室だった。

九大医学部の疎開

やっと下宿が見つかり腰も落ち着いたと思って一週間位たったころ、急に九大医学部が大分県浮羽郡吉井町の吉井国民学校を接収して疎開することとなった。医専の一年生が入学早々で一番身軽だからと疎開第一陣として派遣されることとなった。疎開先は手狭なため着替えだけということで下宿は借りたままで出発した。大分県浮羽郡吉井町は博多駅から鹿児島本線で一時間下り、久留米から久大線に乗り換えて大分に向かい一時間の山の中である。そこのお寺を借りて宿舎とし毎日九大医学部から送られて来る器材を国民学校の各教室に分けて配置する作業が始まった。毎日七時に朝食をとり、午前中はお寺の本堂に座り、机もなく膝の上にノートを開いて医学概論のような教材のいらない講義を受け、昼食後運搬作業、午後六時修了、夕食、風呂にはいり夜は自由時間でお寺の本堂で本を読んだり、新しい友達と話をしたり、近くの野山を散歩するという毎日が始まった。医学部の疎開も急に決まったらしく受け入れ態勢も何も準備は出来ていない。食器も近くの竹藪の孟宗竹を輪切りにし節を底にした飯椀と同じ孟宗竹の細目の汁椀と竹を削った箸で毎食御飯に味噌汁と二切れの漬物だけで夜は本堂にごろ寝であった。

高松の戦災

七月十二日夜、小倉の父から電話があり「高松が七月三日夜空襲を受け全焼したらしい。家族の安否も判らないので一緒に帰ってみよう」とのことである。入学後すぐに中学校の先生、家族に手紙を出したが一人も返事がない。当時の手紙は着いたり着かなかったりで気にもしていなかった。軍関係以外の通信機能はほとんどなくなっていた。父は公職についていたため軍関係の人から洩れ聞いたようである。早速九大医学部疎開隊長の病理学の今井教授の室に行き「高松が空襲を受け自宅も焼けたようだし家族の生死も判らないので帰省したい」と休暇届を出したところ「君の家が焼けたことは大変気の毒だが日本は今戦時下である。君の家が焼けたということは単なる私事である。君達の留守にこの九大医学部が空襲を受けるようなことがあれば、これは国家の大損失になる。今この疎開態勢の手を抜くことは許されないから休暇を認めることは出来ない」との返事である。「では退学します」と捨て台詞で寺を飛び出し十三日朝小倉に行き直ちに父と夜行列車に乗り、七月十四日朝宇野から連絡船に乗った。連絡船は一時間で高松に着く、当時の連絡船は小さく岸を見上げる状態である。

高松に近づくと東浜は遊郭があり、西浜は漁師町である。海に面した家並みには特に変わりはなく、遠くに当時高松にあったビル、三越、千代田生命、海軍人事部、富国生命の建物も見える。「なんだ高松は焼けていないじゃないか」と思いつつ桟橋を上っていくと「あっ」と息を呑んだ。一面の焼け野原で真正面に栗林公園の北門が見え、横の石碑がはっきりと見える。（当時北門が正門で東門は裏門だった。）市電は築港桟橋（今のホテルクレメントの辺り）から出て本駅を通り商工会議所の前を南進し、高松高校の角をS字状に東に曲がり中央公園の西側、天神前三宅病院の前を通り八本松で西にS字状に曲がり、明善女学校（現英明高校）の前から栗林公園に行き左折して瓦町、屋島、志度まで行っていた。栗林公園は市の南端、築港が北端で高松市は海岸線のみ残して全焼である。築港から公園の間に我が家と病院がある筈である。道路は瓦礫に埋まり全然判らないが電車線路を辿って家に着いた。

私の家は昔の武家屋敷で周囲を黒い土塀で囲っていた。焼け残った黒塀の一部に漆喰で「全員無事、積（父の里、三豊郡荘内村字積）に行く」と書いてあった。兄が脚気になり帰省していた。後の話では空襲が始まり危なくなったので早目に逃げ出し県立高等女学校（現高松高校）と県立高松中学校（現工芸高校）の前を通り工芸高校（現香川大学）の周囲に掘られた幅一メートル位の溝の中にはいり、朝まで、水に濡らした蒲団を頭から被っていたとのことである。幸い私の家から西への道路は学校に挟まれ民家が少なく逃げ道を塞がれることもなく、妹弟は十三歳、十歳、八歳、六歳と幼かったが母、兄の誘導で無事逃げられたとのことであった。病院も約二百メートル位先にあったが全焼、瓦礫の山になっていた。

高松駅に引き返し汽車で詫間まで行き、途中降り出した雨にずぶ濡れになりながら約十六キロメートルの夜道を積の父の実家まで帰ったが家族は数日前一山越した母の里の仁尾町に移っていた。翌日父と二人で山越えして母の実家に帰り、やっと一家八人が無事に顔を合わせることが出来た。二日後、父と共に九州に引き返し再び吉井町の疎開作業に従事したが今井教授からのお咎はなかった。

広島原爆の日

九大医学部疎開作業で吉井町にいたが八月にはいり数人ずつ一週間位の夏休みがとれることとなった。私は偶然知り合った広島出身の吉本君、日下部君と一緒に八月五日朝出発し門司駅に夕刻着いた。汽車の時刻表は全然当てにならず駅に着いてから次の行き先の列車を探す時代である。門司駅に着くと夜行列車は広島止まりで広島以遠は朝までない。日下部君と吉本君は十時ごろの夜行列車に乗り、私はプラットホームに座り込んで一夜を過ごし朝七時ごろの一番列車に乗った。関門トンネルを通り下関を出て午前九時ごろ柳井に着くと憲兵が乗り込んで来て「今広島に新型爆弾が落ちた。被害も大きく、この列車を救援列車にするから当分待機するように」とふれて歩いた。空襲は毎日のことで戦災には皆慣れっこになっていたため乗客も特に動揺することもなく「新型爆弾ってどんな爆弾だろうか」というような話をしながら夕方五時ごろまで車内で待たされた。そのころ汽車弁などは勿論なく、私も軍隊の飯盒に四合の米を炊き、中盒に塩を入れ、塩をかけながら食べることにしていた。四合の米は炊くと御飯約一升になり大体飯盒一杯持って歩くと三食は十分である。

前日朝出発前に炊いた御飯で今朝、門司で食べた時は異常を感じなかったが八月の盛夏に車中で十時間近くも待った後である。昼過ぎに食べる時は少し糸を引き酸っぱくなっていたが他に食べるものもなくその御飯で空腹をおさえた。夕方五時ごろ柳井を出発したが線路の調子が悪いのかゴットンゴットンと徐行運転である。六時ごろ広島の手前の横川駅を通過するとプラットホームの鉄柱が飴のように曲がっている。やがて広島に着くと憲兵が乗り込んで来て「この列車に負傷者を収容するから元気のよい者は立って席を空けるように」と声をかけると同時に負傷者がどっと乗り込んで来た。後から後から押し込んで来る。負傷者はほとんど、裸に近い状態で全身が火傷し焼け爛れた傷痕にガーゼ代わりに焼け残った布切れをベタベタと張り付けている。ギュウギュウ押し込まれて体が触ると火傷で水泡になった皮膚がベロッと剥がれる状態で物凄い異臭である。子供たちは泣き叫ぶし、まさに地獄の様相である。列車はそのまま出発したがあまりの凄惨さと異臭にいたたまれず岡山に行くのを止めて尾道で下車し尾道—今治経由の連絡船に乗り家族の疎開先の仁尾町に帰るため詫間の駅に夜中に着いた。尾道に着いたころから昼の御飯が悪かったのか物凄い下痢が始まり詫間に着いたころには三八度～三九度と思われる熱が出て来た。詫間から仁尾町まで約十五キロメートルはあるだろう。途中山を一つ越えなくてはならない。歩き出したものの一キロメートルも行かないうちに苦しくて動けなくなった。周囲一帯は塩田である、道端の叢に横になり朝まで一寝入りした。

朝になると熱も少し下がり体も楽になった。休み休みしつつ五時間位かかって仁尾の母の里に帰り寝込んでしまった。近くに医者もいなく、買い置きの富山の薬と水だけの絶食療法で三日位で回復した。疎開先で知り合いもなくぶらぶらしているうちに八月十五日を迎えた。

役場から天皇陛下の玉音放送を知らせて来た。

叔父一家と私達家族で終戦の詔勅を聞いた。私自身「戦争は済んだのか」という以外特に感慨もなかった。平和な時代とか平和ということ自身知らなかったし子供から今まで、戦時中というのが普通の状態で、戦争が終わり平和が来るということは判らなかった。学校に問い合わせると八月一杯休暇にしたから九月一日から学校に出て来るようにとの返事を受けた。

九月から再び箱崎の下宿に帰り、やっと医専一年生の授業が始まり、解剖、生理など医者らしい勉強になって来た。八月五日夜、門司駅で別れた広島の吉本君、日下部君は夜中に広島に着き二人とも自宅に帰ったが実家が疎開して留守のため洋服を着たままゴロ寝をし朝、眼の覚めない時に原爆投下に遭ったが、家の中にいたため家が潰れて下敷きになったものの怪我もなく直接放射能を浴びず元気に九月学校に帰って来た。お互いに無事を喜び合ったものの三～四ヶ月位するころから二人とも脱毛、歯齦出血等の原爆症の症状が現れ内科に入院、一年休学することとなった。しかし若い骨髄が適当に放射能に刺戟されたためかこの一年間急激に身長が伸び入院している間に約十センチメートル～一五センチメートル位背が高くなった。以後特に変わりなく元気に暮らしている。九月末になると長崎医科大学附属医学専門部の生存者が転校して来た。十人位だったと思うがある日その友達と長崎市の原爆跡を見に行ったことがある。広島は広い平野の上に原爆が落ちたため原爆の火力、放射能が広く拡散したため吉本君、日下部君のように家の中に居た人の被爆は比較的弱かったようだが長崎市は擂り鉢のようでその真上に落ちたためか、ウラン、プルトニウムの違いのためか火力、放射能が極端に強いようである。ある家で座っている人が家も灰になり体も灰になり焼け残った骨盤に腰椎が垂直に三つ程残っていたのを見たことがあった。

終戦後の福岡

昭和二十年十一月ごろだったと思うが少し寒くなり出したころレッドアローという襟に赤い矢の印をつけたマッカーサー直属のアメリカ軍がフィリピンから進駐して来て福岡に駐屯することとなった。戦場から直接来るということで何をされるか判らない、女性、子供は山に避難するようにとの噂が飛び一時は大騒ぎとなった。やはり気の荒い連中が揃っていたのか噂によると夜な夜な喧嘩、強盗、強姦等の事件が起こり、ＭＰ（アメリカ軍憲兵）のジープがサイレンを鳴らして走り回った時もあった。

一年も経つと夜の街も賑やかになりダンスホール、ネオンサインなども見られ、街角には街娼が立ち、オンリーさん（アメリカ兵個人の囲い者）と呼ばれる人も現れ秩序も整って来たが、昼は子供がジープの後を追い、チュウインガム、チョコレートを投げ与えられる惨めな光景を眼にすることも多かった。食糧事情は日ましに悪くなり米の配給も欠配がちとなり下宿の食事も日を追って厳しくなった。朝は薄い雑炊が茶碗に一杯、昼は弁当箱に蒸し芋が二切れだけ、夜も高粱粥が一杯という状態がつづいた。ある日近くのお百姓さんが玉ねぎを掘っている所に行き合わせた。土の中の玉ねぎを掘るとき上の青い茎は捨てている。これを友人と一緒に貰って来て飯盒で茹でて塩をかけて食べてみた。これは食べられるということで毎日玉ねぎの茎で空腹を抑えたこともある。調味料は塩しかなく、塩も配給制で下宿している人間には手に入ることもなく、一週間に一回位箱崎の海岸に一升瓶で海水を取りに行き、夜中になると電気コンロの火力が強くなるため、飯盒で一升の海水を蒸発させ塩を作っていた。海水一升で盃一杯位の塩が作られた。博多駅の裏に大きな闇市が出来た。友達と見に行くと進駐軍からの横流し品などなんでも売っているのには驚いた。芋と食用油を買い空地に穴を掘り飯盒で芋の天麩羅を作って食べたところ油が悪かったのかひどい下痢をしたこともあった。

昭和二十一年（一九四六年）三月には父も九州医科歯科専門学校を退職し家も仁尾の疎開先から丸亀市風袋町の借家に移り、病院も父の友人、景山さんのお世話で多度津の避病院（伝染病の隔離をするための予備の病院）を借り三十床位で開業することが出来た。昭和二十一年（一九四六年）の夏は福岡の食糧事情も極度に悪く夏休みも七月、八月、九月の三ヶ月となり帰省した。病院の医師は高松の金倉先生、小倉から来た源河先生が常勤していたが看護婦が少なく、毎日病院の手伝いに行った。手伝いといっても未だ医専の二年生になったばかりで医者の手伝いは出来ずガーゼ、繃帯の洗濯、再製と病室の掃除である。入浴もままならない時代の夏のことで蚤が大量に発生し回診で患者さんの布団を開くと蚤がピョンピョン飛びだす始末で殺虫剤の噴霧器を片手に一日中室の掃除に明け暮れた。朝は丸亀から七時ごろの汽車で通ったが帰りは汽車の混雑を考えると歩こうということで多度津—丸亀間約十キロメートルを父とよく歩いて帰った。

夏休みが済んで博多の下宿に帰ると私の部屋に見知らぬ四人家族が住んでいる。下宿の小母さんの話では八月ごろから外地の引揚者がどんどん博多に上陸し家を探して九大周辺の下宿屋はどんどん引揚者にとられてしまった。当時私達の下宿代は六畳一間三食付で二百五十円位に値上がりしていたが、引揚者は畳一畳に百円の家賃を払ってくれる。当分小父さん、小母さんと一緒に住みながら次の下宿を探して欲しいとのことである。友人を訪ねてみると皆室を取られて二〜三人ずつ同居している。加治君の下宿で山地さんという九大英文科の学生に会った。彼の話では天神町の洞屋という大きな呉服屋さんの自宅が大濠公園の近くにあり空襲で焼けたが蔵が焼け残っている、貸してくれる話にはなっているが周囲一キロメートルの焼け野原の中の一軒家で一人で住むのは恐ろしいから一緒に住まないか、家賃はいらないとのことで一緒に引っ越すことになった。リュックサックと布団袋一つの全財産を持って電車で引っ越した。西公園の電停から十分位で煉瓦の塀に囲まれた三百坪位の敷地に蔵だけが一軒焼け残っている。家のすぐ前には大濠公園が拡がり大変環境のよい所であるが周囲は完全に焼け野原で復旧の兆しは見られない。蔵は二階で上下各一間、六畳位で電気も点き二畳位を座上げし板張りとなり一間の押し入れもついている。押し入れ上部に布団を敷きベッド様にし板の間に木箱を二つ並べた机を置くと大変落ち着いたよい室である。蔵の前に水道管が一本あり二人で自炊を始めた。当時電気事情が悪く夜十二時ごろ人が寝るころになると明るくなるが夕刻からは蝋燭位の明るさの蝋燭送電とか時にはフィラメントが赤く見えるだけの線香送電という具合で本が読める明るさではない。大濠公園と電車通りを隔てた西公園界隈は福岡の高級住宅地でほとんど戦災にも遭わず進駐軍が大きな家を接収していた。

進駐軍の宿舎付近は電柱の街灯も明々と点き試験前には近くの進駐軍宿舎の電柱の下で本を読んだものである。朝は二人で食事をして大きな錠を蔵にかけ大学に出かけていたが半年位経ったとき学校から帰ると錠が壊され布団から荷物一切が盗まれていた。仕方なく翌日から下宿探しを始め近くの唐人町に下宿を見付けて引っ越した。山地さんは下宿を諦め若松に帰り自宅から通学することとなった。朝夕の通学に約一時間を要するためまた大学周辺の下宿屋を探し箱崎宮に近い山口さんという農家を見付けて引っ越した。離れの二階で一階は二室と納屋になり二階三室に右の室が医化学講師の永松さん、私の室が真中で左が医化学で博士論文のアルバイトをしている鹿児島の市木さんという内科医で、入学してから四年、九軒目にやっと本当に落ち着いた下宿に巡り合った。この下宿で三年お世話になり卒業試験、国家試験もここで受けた。

九州大学第一外科の思い出

その一　輸血

先日看護学校の講義で輸血の話の時、昔は、輸血の血液は体の一部だから一分も冷やしてはいけないと考え、供血者から採血すると、注射器のまま温かいタオルで巻いて、患者の所へ行き輸血をしていたと話したところ、全員がどっと笑い出した。なるほど現在は冷蔵庫で冷やした血液を冷たいまま点滴で輸血するのが常識である。しかし昭和二十六年ごろまでは、輸血の血液は冷やしてはいけないという考えがあったことは事実である。

昭和二十五年九州大学附属医専を卒業してインターンにはいった。当時のインターン生活はのんびりしていて、各科を回ることにはなっていたが、自分は将来外科医になりたいと考えていたため内科以外の科はほとんどさぼって、一年間をほとんど九大第一外科で過ごしてしまった。第一外科でも脳外科が始まったころで、脳外科グループの北村さん（元九大脳外科　北村勝俊教授）と古川さん（元佐賀医大　古川哲二学長）が時々脳の手術をしていた。もちろん全身麻酔もなく、電気メスもなく、局麻で開頭し出血は熱い食塩水ガーゼで押さえて止血をしながらの手術である。足元には流れる血液を溜める大きな膿盆がおかれていた。時間が経つにつれて膿盆の血液が増えてくる。ほとんど術中の輸血という概念はなかったように思われる。当時誰が作った処方かカンタニー（生理的食塩水千ccの皮下注射）とリンゲル三百（リンゲル二百六十cc＋二十パーセントブドウ糖四十cc）という補液が行われていた。カンタニーは両大腿部への大量皮下注射で主に術前に行われ、リンゲル三百はイルリガートルによる静脈注射で主に術後に行われていた。点滴球のない黒いゴム管一本のもので、血管に針を刺すと、看護婦が椅子に座って液が無くなるまで針が動かないように手で押さえて固定していた。十分～十五分位で済んでいたので未だ絆創膏で固定するということも行われていなかった。インターンの仲間で長崎大学から来た男がアドリアニーという英文の麻酔の本を持って来た。その本に針を絆創膏で固定する方法が図示されていた。早速実施したところ看護婦から大変喜ばれたが、ある日三宅先生に見付かりイルリガートルをぶらさげたまま看護婦もついて居ない、こんな危険なことは誰がしたのかと大目玉を食ったことがある。しかしこの方法はその後も自然と普及していったようである。

昭和二十六年五月第十回の国家試験も終わり、やっと正式に九大第一外科教室に入局することが出来た。ある日ふと本屋で加藤勝治著「輸血学」という本を見付けた。読んで見ると採血した血液をビンに詰めて冷蔵庫で冷蔵して使うと三週間も保存が出来ると書いてある。脳手術の時の膿盆のどす黒い血液が思い出された。翌日早速その本を持って古川さんのところへ行った。次週の医局会の席上、保存血輸血の話を持ち出した。もともと半人前にも扱われていない新入局員が、それも冷やしてはいけないとされている血液を冷蔵して使うとは何事か！と先輩から散々に叱られたが、東京でしていることが博多で出来ない訳がない！と夏休みにカメラをぶらさげて東京に行った。まず東京医大の加藤先生を訪ね助教授の福田先生にお目にかかり、輸血瓶への採血、冷蔵庫の中にずらりと並んだ保存血、また冷たいまま点滴するところを写真に撮り、また加藤先生に紹介されて、東京日赤血液銀行と大阪の日本ブラッドバンク（現ミドリ十字）の内藤さんを訪ねて詳しく輸血の話を伺い帰って来た。夏休み明け写真を医局会に提出したところ、先輩からは随分と冷やかされたが、三宅先生から「まあ出来るかどうかやって見ろ」とお許しが出た。古川さん、同級生の木村君（福岡市開業　木村豊君）が手伝ってやろうと協力してくれることになった。当時一外科の教室には、電気冷蔵庫が研究室に一台しかなかった。それも酵素保管用として使用しているので、血液を入れることが出来ない。丁度よいことに、同期の入局に小田徹也さん（大阪市開業）と言う医化学の講師から外科医になるため入局して来た人がいた。外科では新人だが研究室の酵素グループの相談役をしていたので、小田さんに頼んで血液を冷蔵庫に同居させて貰い、古川・小田・木村・三宅の四人で輸血を行うことになった。まずA・C・D液（血液保存液）の処方を薬局に出し五百ccの瓶に調合して貰う。次に輸血瓶が一本二百円もするので、磨り合わせの栓付き容量百五十ccの三角コルベンを購入し、再生して使用することとする。三角コルベンを「クロム硫酸」に一夜つけ、水洗して重曹水及び滅菌蒸留水で洗浄し、金網籠に伏せて手術場で消毒器にかける。一応の準備が整いまず犬で実験することになる。オーロパンソーダーで麻酔した犬からA・C・Dを入れた百ccの注射器で採血し、三角コルベンに移す。蓋をして硫酸パラフィン紙で包み冷蔵庫に入れる。四日後に同じ犬を麻酔して、イルガトールに新ガーゼで濾過した保存血を入れ輸血する。

麻酔から醒めた犬はふらふらしながらも歩き出す。冷たい血液の輸血も異常なく終わった。翌日元気になった犬を見て、いよいよ人間にすることになった。木村君はO型、私はB型なのでお互いに百ccずつ採血することにした。冷蔵四日目、木村君と二人がベッドを並べて自己冷蔵保存血輸血をイルリガートルで行った。点滴球のないイルリガートルから血管に入って来る血液は確かに冷たい。血管に入って来るのがよくわかる。古川さんと小田さんが横でいささか心配そうな顔で付いている。手術場の看護婦永芳・吉田・病棟の山田君も応援に来て、輸血中の我々の血圧・脈拍を計る。横のトレーには、当時よく使われていたビタカンファー・アンナカ等の強心剤が準備されている。十五分位で輸血が終わった。三十分位休んでいたが何も起こらない。四人とも何か大きな仕事が済んだような気がして、ぐったりと疲れてしまった。夜の八時ごろであった。二階の医局にあがると志村副医局長（元福岡大学第一外科　志村秀彦教授）、山崎さん（直方市開業　山崎慶二郎先輩）と香月さん（元宮崎大学第一外科　香月武人教授）がいた。志村さんは香月さんと私のライターである。輸血の話をすると「そうか、それはよかった。お祝いに一杯飲もう。」ということになり、医局長室から一升瓶をさげて来た。まずは祝盃となった。小田さんはあまり飲まれないので帰られたが、古川、志村、山崎、香月、木村、私と大いに飲んだ。

いよいよ実験も終わり、供血者募集と言うことになった。九大医学部の門の横の掲示板に募集の貼り紙をはった。二、三日してぼつぼつと供血者希望者が集まり出した。勿論買血である。百cc、六百円であった。午前八時から病院の仕事が始まるので、その前にということで午前七時～八時までの一時間を採血にあてることにした。冷蔵庫にずらりと保存血の入った三角コルベンが並ぶ。いよいよ患者第一号を見つけることとなった。

当時、処置箋というのが病棟のカルテ記録室にあり、カルテの整理をしつつ翌日の処置をこれに書き込むと、病棟係の医師がこれを行うこととなっていた。勿論主治医は朝夕二回は受け持ち患者の顔を見て、創の処置等は自分で行うが投薬・注射等は病棟係の医師が行い、手術中等の病棟管理は彼が主治医の代行をすることとなっていた。

翌日の処置箋を見ると輸血予定者が一人居る。胃潰瘍術後二日目の特室の患者である。特室は教授のヒモ付きが多く一寸考えたが、他に症例がなく主治医に相談に行く。一寸気難しい先輩だったが、私達の自家実験で間違いないと言うことから保存血輸血を許可してくれた。例の如くイルリガートルに新ガーゼで濾過した血液を百cc入れ、廊下には念の為強心剤を準備したトレーも準備して輸血を行った。四人が付き添い約十五分で輸血が終わった。四人も医者がついての輸血だから患者もなんとなく緊張気味である。輸血が終わり、四人が意気揚々と室に引き揚げ、一服していたところへ看護婦が顔色を変えて「患者が変だ」と知らせて来た。慌てて飛んで行くと、患者は青い顔をして寒い寒いとガタガタ震えている。いわゆる悪寒戦慄である。しかし私達は輸血の悪寒戦慄を初めて見たのである。布団をかぶせて上から押さえつける。訳もわからずビタカンファー、アンナカの筋注をする。主治医も来る。執刀者の三宅先生も知らせを聞いてかけつける。主治医には「お前達は俺の患者を殺す気か！」と怒鳴られる。てんやわんやで数十分が過ぎる。突然、患者のお腹がゴロゴロと鳴りどっと大量の真黒の血便が出た。（手術中の出血が胃腸に溜まっていた。）途端に患者はおとなしくなり、顔色がみるみるよくなり、すやすやと眠り出した。一応落ち着いたということで皆は引きあげたが、私は責任上、患者の横に座り、じっと腕を握って脈を診ていた。本当に回復してくれるのか！と神にもすがる思いだった。三十分位すると爽やかな顔で目を醒ました。横に座っている私を見ると「先生、輸血はよく効きますな！」と一言、私は涙があふれて急いで室を飛び出した。三宅先生に断りに行くと「輸血はよいがもう少し慎重にやれ」とお叱りを戴いた。夜になると「お陰様で元気になりました。」と酒一升が医局に届いた。さすがの私も一寸飲む気になれなかった。主治医が薬缶を持って来て「三宅、今日は飲め」と茶碗に注いでくれた。

帰途主治医に連れられて中州に出た。「冷蔵輸血は冷た過ぎる。もう少しゆっくりやれ。」と注意してくれた。その時初めて東京で点滴でしていたことを思い出した。早速イルリガートルのゴム管の途中にガラスの点滴球をつけ、スクリューコックで速度を調節することを始めた。毎日イルリガートルと点滴球はクロム硫酸で洗って再生したが、やはり三角コルベンを使う開放採血では悪寒戦慄は防げず、六ヶ月位で密閉式採血瓶による採血に変え、ようやく悪寒戦慄もみられなくなった。丁度そのころ、血液型判定用標準血清の表示が、従来のA型血清・B型血清から、国際規格の抗A血清・抗B血清に変わった。医師も看護婦も標準血清の表示が変わった認識が不充分のため、毎日の如くA型とB型の取り違いが起こった。一外科ではクロスマッチを行っていたが、他科ではそういう知識も少なく「輸血をはじめると患者が苦しみ出した。すぐ来てくれ」ということで、よく呼び出された。血液が古いためだろうとか、冷た過ぎるためだろうと詰問されたが、血液型の再検査でやっと標準血清の抗A・抗Bに気付くという有様で、今にして思えば貴重な異型血輸血の経験をすることが出来た。全例少量の輸血ですぐ中止したため大事故にならなかったのは不幸中の幸であった。昭和二十九年、大阪の日本ブラッドバンクが九大に進出し、九大ブラッドバンクを作りたいとの申し出があり、やっとのことで輸血から足を洗い本業の外科医に帰ることが出来た。昭和二十六年から二十九年までの三年間、もう五十年も前のことである。遠い昔のことではあるが、ついこの間のように思い出される。近代医学の過渡期の一ページとして懐かしい想い出である。

その二　麻酔

昭和二十五年、戦争の空白により遅れた日本の医学を振興しようということから、日米医学会議ということでアメリカからサクラド教授が来日し、いわゆる新しい意味の全身麻酔を日本に伝えたと聞いている。二十六年夏、日米医学会議の第二陣として、外科のジョンストン教授を団長として麻酔のボールビット教授・医科学のハンドラー教授が九大に来られた。当時入局早々の私も、珍しいもの見たさに全身麻酔のデモンストレーションが行われた第二外科の臨床講堂に出かけて行った。患者はヘルニアの患者だったと覚えている。サイクロプロペインガスだろうと思うがマスクを被せて数分で麻酔がかかり、マスクのまま手術場に運ばれ三十分位で手術が終わって帰って来た。酸素で洗うと数分で眼を覚ました。何か奇術でも見ているようで、一緒に見に行ったインターン生の松角君（元熊本大学脳神経外科　松角康彦教授）と驚嘆して帰って来た。それがきっかけとなり九大第一外科でも麻酔を始めようとの話が上層部で決まったようである。丁度古川さん（元佐賀医大　古川哲二学長）が脳関係のアルバイトを終わり臨床に帰って来たところで、麻酔は脳神経の判る人が適任だと言う三宅先生の命で、古川さんをチーフとして当時輸血を担当していた小田徹也・木村豊・三宅の四人で麻酔係を仰せつかった。

当時の全身麻酔は、エーテルのオープンドロップ法で乳癌の手術の時だけ行われていた。年に数回のこととて誰も経験がない。まずエーテルで麻酔深度を覚えることとなった。三宅先生が昭和の初期ドイツ留学の時購入されたブラウン麻酔器という代物を持って来られた。四角いガラス瓶で首からヒモで胸につるし、中が二槽に分かれ一槽にエーテルを入れ二連球で空気を吹き込むと、他槽よりエーテルガスがチューブよりマスクに吹き出すオープンドロップ用の麻酔器である。

お互いにエーテルガスを吸って見たがなかなか大変な刺激である。しかし教授命とあれば致し方なしということで実施に移った。初めはマスクを患者に当てる要領がまずくうまく行かなかったが、数例を経験するうちに半閉鎖から徐々にマスクを閉鎖に移す要領も覚え、比較的スムーズに導入出来るようになって来た。しかし内心おっかなびっくりの麻酔である。一度患者が眠ってしまうと後の維持が大変である。ひっきりなしに瞳孔を見ながらその深度を判定するのだが、机上の空論を頭に浮かべての麻酔である。興奮期の散瞳と中毒期の散瞳の区別がつかない。一度興奮期から麻酔期に入った後、再び散瞳が始まると深くなったのか浅くなったのか不安で仕方がない。つい醒まし過ぎて手術中にバタバタと手足が動き始める。手術を中断してまた麻酔をかけ直す。手術が済むと全身冷汗でびっしょりという状態である。しかし習うより慣れろと、日が経つにつれなんとなく麻酔らしくなって来た。ヘルニアから始めた麻酔も、乳癌、胃潰瘍（癌）と二時間位の麻酔が出来るようになって来た。昭和二十六年の末だったと思うが、泉工医科株式会社が日本製麻酔器を試作したからということで、第一外科に一台贈られて来た。エーテル槽に糸芯を浸して気化するタイプである。まずソーダライム（炭酸ガス吸着剤）が判らない。薬局長に相談に行くと、工業用ソーダライムという五百グラム入りのものを手配してくれた。ソーダライムの槽は双胴式で、三十分ごとに切り換える仕組みになっている。ソーダライムを詰めて酸素を通してマスクを口に当て、呼吸をしてみると、ソーダライムの微粒子が呼気と共に飛び込んで来る。麻酔はまずソーダライムを篩にかけることから始まった。二～三ヶ月経つと人間はだんだん横着になる。術中、マスクを手で固定し顎を引っ張っているのが段々苦痛になり気管内挿管をしようということになった。耳鼻科へ喉頭鏡の使用法を教えて貰いに行く。岩本助教授が自ら教えてくれたのがジャクソンの喉頭鏡で、L字型で柄にコードの着いたものである。一応数回の実習で大体の要領を覚えて気管内挿管にとりかかった。従来ほとんどの手術は、オピスコ〇・四cc、〇・四cc、〇・三ccと麻薬の分割皮下注射に依る前麻酔に局麻か腰麻で行われていたため、私達の全麻にもアトロピン・オピスコの前麻酔が行われていた。エーテルで充分麻酔がかかっていると錯覚していたが、実はオピスコの鎮痛とエーテルで眠っていただけで、麻酔まで行っていなかったことを思い知らされた。即ち喉頭鏡を口に挿入するとがっちりと噛み付いて抜き差しならなくなる。耳鼻科で実習したときは、患者が意識があるため術者に協力してくれるが、意識のない相手は非常に始末が悪い。あわてて抜こうとすると下の歯がポロリと折れる。またマスクを被せて麻酔をかけ直す。少し顎が弛んで来たのでまた喉頭鏡を入れ気管内チューブを挿入する。筋弛緩が不十分なため口が十分に開かない。喉頭鏡で抉ると上の歯が折れる。今なら損害賠償ものである。主治医には「ここは歯医者じゃないぞ！」と皮肉られる。翌日折れた歯を持って患者に謝りに行く。しかし当時の患者さんは度量の大きい人が多かったのか、皆快く許してくれたように覚えている。そのうちラボナール（静脈麻酔剤）が出来た。薬とはこんなにも有難いものか！と感激したことを覚えている。昭和二十七年、古川さんが本格的に麻酔を勉強するために、デトロイトのウエーン大学・麻酔科に留学することとなった。小田さんも大阪厚生年金病院に赴任が決まった。木村君と二人で古川さんの出発を横浜まで見送り、帰途東京に出た。（当時アメリカ留学は船であった。）

新宿の屋台で一杯飲みながらこれから先を思うと途方に暮れた。二人共外科医を目指しながら麻酔に足を踏み込んだため全然手術が廻って来ない。このような状態だから誰も麻酔係になり手がない。同僚は胃、腸、乳癌の手術についているのに私達二人は虫垂炎、脱腸から上れない。気管内挿管が出来るようになってからは、局麻より全麻が安心だということでほとんどの開腹手術が全麻となり、木村君と私は手術日毎に麻酔に追い廻された。ラボナール・アメリゾールが出て導入が楽になっても維持はエーテル一本である。やはりなんとなく麻酔が恐ろしいという気が抜けず、自発呼吸が患者の生きている証しのような気がして、術中アメリゾールで呼吸をおさえることは出来なかった。

昭和二十八年ごろから、胃癌の拡大根治手術、食道癌の手術が始まり、胸部を開くことが多くなって来た。段々と麻酔の雰囲気にも慣れて来たのと、必要止むを得ず術中アメリゾール併用による調節呼吸が常識となって来た。今までの腰麻・局麻から輸血併用の全身麻酔に移った為手術はどんどん拡大されて来た。全国的にも食道癌・肺結核・脳手術・胃癌・膵臓癌等の手術が流行するようになった。手術時間も十時間～十二時間という例が出だした。そのころから、時々手術時間が長くなるとなんとなく状態が悪くなる患者が見られるようになった。時には術後呼吸不全を起こして死亡する例も出て来た。術後の呼吸管理がよくないのだろうとのことで一時は麻酔当直を命ぜられ「麻酔をかけた人間が一晩は責任をとれ」ということで手術日はほとんど当直を命ぜられた。病理解剖の結果肺が水浸しで過剰輸血に依る肺水腫が原因と判り、以後初めて術中・術後の尿量測定と、出血量の測定が行われ輸血の目標が立てられるようになった。しかし時の流れか、いわゆる慣れというものか「出れば、入れればよい」というムードが是正されず、時には一回の手術に一万ccを超える輸血も時々見られ、片手に輸血係をしながらの麻酔係である。出血の具合を見ながら今日の冷蔵庫の中を思い浮かべ、これは一寸足りなくなるぞ！と、木村君と二人で交替しながら採血に走るということもあった。そのうち中村義彦君（三萩野病院）と板崎哲文君（福山市開業）が見かねたのか、麻酔係を手伝ってくれることになった。

当時大濠公園の簡易保健局が米軍病院として接収されていた。朝鮮戦争も厳しい状況となり、第一線から傷病兵がどんどん送られて来るので大変麻酔の症例も多いとのことを聞き、木村君と二人で麻酔の見学を申し込んだ。人手も不足していたのであろう早速許可がおりて、二人で泊まり込みで一ヶ月の見学にはいった。見学と言っても翌日より笑気とラボナールの併用麻酔をするようになった。毎日ヘリコプターで患者が運ばれて来るが戦場での応急手当てをしているだけなので、これらの患者に麻酔をして傷の清拭と簡単な処置をして板付飛行場から横田基地に送られるという段取りで、麻酔とか外科の治療ということでは興味は起こらなかったが戦死者に対しては非常に鄭重で、一体に二〜三人の解剖師がついて丁寧に細いナイロン糸で縫合し、死に顔を綺麗に飾って箱に収めて送っていたのが印象に残った。

一ヶ月の実習を終え教室に帰って来ると、呉共済病院外科部長に就職していた外山さん（人吉市開業外山敬次郎氏）から院内血液銀行と麻酔をするから手伝いに来いとの要請があった。医局長からもすぐ出発するようにとの命をうけ、呉共済病院に出張した。院内の一室に採血所を設け、またハイドブリンク型麻酔器を一台購入して輸血と麻酔を始めた。月・水・金の午前中は外来、火・木・土の午前中は採血、午後は毎日手術場で麻酔をするか手術という、実に充実した日々であった。朝宿舎を出る時、手ぶらで弁当も持たずこの体さえ運べば仕事が出来る！とは何か急に一人前になったような、また初めて人から医者と認められたような気がして嬉しくてならなかった。当時の呉市は海軍没落の象徴たるもので、日本一と言われた失業者が街に溢れ、暴力団は横行し、ほとんど毎晩の如く喧嘩による外傷、青酸カリ・睡眠薬による自殺等が救急車で運ばれ、生まれて初めての人工呼吸や血管露出術を経験した。

外山さんも酒が強く、また泌尿器科の竹本科長（旧海軍時代の名残で部長と言わず科長と呼んでいた。）も酒豪で、毎日急患の間を縫っては飲み歩いていた。「お前は外科医になるのだから手術に慣れなくてはならん。俺が虫垂炎患者を連れて来るからどんどん切れ。」と、当時医務官を併任していた江田島海上自衛隊の生徒を、「海の上で盲腸を起こしたら命の問題だ。」と毎日正常の虫垂炎患者を二～三人ずつ連れて来て、三ヶ月で百例以上も切らせて貰った。夢のような三ヶ月が経ち医局に帰って来た。やがて古川さんが、アメリカから五パーセントブドウ糖輸液とフォレガーの大型麻酔器を携えて帰朝した。第一声、「麻酔は患者を眠らせるだけではない。術中患者の命を監理するのが麻酔だ」ということで、今まで術者の命で眠らせ術者の命で輸血していたのが大きく変わり、麻酔屋は麻酔学へと発展していくことになった。昭和二十九年五月、三宅先生から学位論文のテーマを戴くこと丶なった。木村君は古川さんの麻酔を選び、私は秋田助教授の下で門脈圧亢進症に従事することとなり、やっと輸血と共に麻酔からも足を洗うこととなった。

太平洋戦争と佐賀市立勧興国民学校の思いで

糸山　東一

私の真況

太平洋戦争の昭和二十年八月十五日〝終戦〟の詔勅。この戦争に関して、私は次のように考えていた。

第一として、アメリカ合衆国ペリー艦隊による開国要求が起点となって、欧米列強に追いつくべく政治経済外交文化の近代化を目指す動きを、日本は執った。まず鎖国の束縛を解き、近隣諸国すなわち朝鮮王国や大清帝国等の、中国大陸諸国と交わる道を進む上で起こった日露戦争を辛勝で乗り越え、これを転機に大陸へ進む道を更に深めることとした。そして、道を更に深めたことで齎らされた戦争という結末、と私は見ていた。

第二、とは言うものの、大陸へ進む道を更に深めたことと十六世紀以来の欧米列強の東北アジアへの強い関与とが交錯して起こった戦争、との見方も無視できない。「国際聯盟総会報告書（一九三三年二月二十四日採択）「極東国際軍事法廷」との見方を日本近現代史の憲章と単純に位置付けることは避け、この戦争終結後六十年を経て地政学的視座の変容を見込まねばならない今日、戦争の道への検証は続けるべきであり、この戦争の教訓を汲みつくすべきである、と私は考えている。

第三は、戦争の道を走ることになって終わった過去に於ける現実の道筋、〝負けいくさ〟になった過去の現実もあって、八月十五日は〝敗戦〟が正しい言葉遣いと過って考えていた。しかし、平成二十年八月の二回にわたるNHK総合テレビ番組で、昭和二十年八月十五日のポツダム宣言受託、および同年九月二日の降伏調印に至るまでの凄まじい葛藤が再現され、八月十五日をどう見るかについて深く考えさせられた。すなわち、当時の政治・軍事責任者の対立を克服して意見を一致させるための、息の詰まるような対応の詳細を極めた番組から、少なくとも八月十五日は〝敗戦〟でなく〝終戦〟の言葉遣いがよい、との心境にある。

この戦争の昭和十八―十九年ごろを、小学校（当時は国民学校と言っていた）四年生と五年生で過ごした。戦争の経過が分かっているから言えることだが、十八年は戦争のヤマ場を乗り切るために日本陸海軍が懸命にパイロット養成に取り組んでいたときであり、十九年はそのヤマ場の戦闘が敗戦で終わり、坂道を転がり落ちる状態になる前触れの時期であった。

後年、教職につき化学に係わる仕事をしてきた。私の高校時代では、まだ受験競争は激しくなる前だったのか、二年の時まで〝文系にするか理系にするか〟で迷っていた。その折、高校の担任教師の一言で、私の進路が決まった。担任曰く、「文系は自学自習が効くが、理系は効かない」。この担任教師は、学徒出陣で最前線に出動し、フィリッピンの海軍基地で航空機整備に当たっていたが、上陸した米軍との戦闘で九死に一生を得て、復員した方であった。

私は、性分なのかDNAのなせる業なのか、ものごとの経緯や史的展開に関心を抱くせいからか、仕事につき給料を得るようになって以来、歴史的資料などを求めるようになった。特に太平洋戦争や日中戦争（当時は支那事変であった）の資料的刊行物を集めた。定年後、時間の余裕ができ、また化学では職を離れたら研鑽を続けることは至難の業なので、過って買い求めていた資料を読みつつ、日々を過ごしていた。

職を離れ、十年が過ぎた。年に二〜三回、上京することにしている。得難い資料調べと、研究会出席のためである。恵比寿にある防衛研究所図書室や九段下の昭和館は、国会図書館にはない資料がある。何回か通ううちに、いろいろな利用の仕方が分かるようになった。

東京での行動を繰り返すなかで、昼夜を分けない恵比寿や渋谷、新宿界隈の異常なまでの賑やかさ、若者たちの言動や行動などつぶさに見聞きするようになった。加えて豊富な品物や食品、贅沢品の数々などを見るにつけ、生活一切が不足勝ちであった厳しい戦時中と現在とを、心のなかで比べるようになった。

我々の身辺や地域では、さきの大戦で亡くなられた方々も少なくないと思う。

前に述べた学徒出陣の経歴をもつ高校二年時の担任教師は、筆舌し難い艱難を辛うじて乗り越えることが出来、幸いにも日本の土を踏まれた方であった。しかし、学業の途中でペンを置き、最前線へ出動し、還らなかった方々も少なくない筈である。

いろいろと試行錯誤をしていた。調べたことも活字にせねばと考え、二、三の活字になった文章もある。このたび縁があって、本書執筆の機会が得られたので、本小文を記した。

一．赴任時の先輩同僚と〝はがくれ〟

現職に就いた時の職場には、学徒出陣組が四、五人いた。数学と物理の教師であった。私は昭和三十四年四月就職であった。それらの方々は未だ戦争の残香が漂うような感じを持つ、陸軍予備士官学校と海軍兵学校教官経験者であった、と記憶している。

新人の私が佐賀出身と知り、「佐賀は〝はがくれ〟だな、懐かしいな」が、その方々の第一声であった。

私は〝はがくれ〟との言葉を聞いて、一瞬身のすくむ思いがした。それは、国民学校のとき、散々〝はがくれ〟を聞かされたが、八月十五日を境にして、ものの見事にそれが途絶えたからである。担任の教師は一言、「〝はがくれ〟のことは忘れろ」であった。国民学校児童の我々はそれですんだが、中等学校や高等教育機関では大変だったようだ。とくに〝予科練〟（昭和五年に創設された海軍飛行予科練習生、十五歳で海軍生徒として採用し、四ケ年で中等普通教育を授けて航空機操縦・偵察・電信員に仕上げる軍学校課程）帰りは、町で猛威をふるっていた。パイロットになるために猛訓練していたのが、突然に天と地がひっくり返り、昨日の善が今日の悪と価値基準が逆転したのだから……。

高等教育機関は、より大変だったと聞いている。八月十五日を境に言行が変わった、変わらざるを得なかった教師は、学校現場から去らざるを得なかった反撃を学生側から受けた、と聞いた。

本小文を記し、それによって自己を客観視せねばと考える。〝はがくれ〟を巡る国民学校での記憶、またこの戦争に対する世間の態度の劇的転換、すなわち基本的なことが百八十度変わる事態、このような事は絶対に不可と思う。それで私のこれまでに執ってきた対処を記し、記したことを通して、自分の感覚が一般化出来たら大きな収穫、と思っている。

八月十五日を境に、日本は過去を封印する形にしたようである。戦争に負けることが前提に珍しくないヨーロッパ諸国は、敗戦は政治経済外交の絶好の勉強の機会と捉え、国家的に敗戦に関わる研鑽を積むと聞く。

話を元に戻す。職場の先輩同僚が私に話しかけた「……〝はがくれ〟は懐かしいな」は、戦時中の〝はがくれ〟に対する感覚、すなわち「武士道といふは、死ぬことと見付けたり」にあったようである。素朴な〝はがくれ〟に対する佐賀の感覚からは、「武士道に於いて遅れ取り申すまじき事」なら分かる。私は藩校に連なる国民学校

（藩校の建物を原点に近代小学校としてスタート）で同級生ともども叩き込まれたのが、この「武士道に於いて遅れ取り申すまじき事」であった。

佐賀の〝はがくれ〟に対する感覚は、次のようなものである。〝はがくれ〟を一言で表すと、「戦国時代に、男女を問わず生活基盤の〝米〟づくりの田畑を命を懸けて守った人々の思想心情行動について、常朝が説和風に語るのを、陣基が筆記、編集した短文（千三百三十項目）」と言える。戦争中は、「武士道といふは死ぬことと見付けたり」が〝はがくれ〟と共に有名になった……、は確かなようである。だから学徒出陣組の予備士官学校や海軍兵学校の教官生徒（当時はこのような呼び方であったようである）経験者として、「……〝はがくれ〟は懐かしいな……」の言葉になったと思う。

文芸作家三島由紀夫が「武士道といふは死ぬことと見付けたり」を賛美されていた、と聞き及んでいる。しかし、佐賀では、〝少し変だな〟が率直な評言である。

戦国時代の武士は、関ケ原以降の宥恕の時代となり、命を懸けて土地を守ることが、政治指導に取って代わることになった。つまり、政治指導をするにも〝命〟を張ってやれ、との意味を込めて、「武士道といふは死ぬことと見付けたり」が〝はがくれ〟千三百三十項目の冒頭に記された、と聞いている。

二．貞幹と貞次、糸山衛守

赴任した職場に桂孝二という、国文学者で源氏物語研究者がおられた。その方が、私が佐賀の三重（小字名）出身を知って、「糸山貞幹を知らないか」と私に問いかけた。私は知らなかったので、「知らない」と答えた。日田の広瀬淡窓塾で学び、弘道館（佐賀の藩校）の教諭であった、との由であった。

私は気になっていたので、佐賀を訪れた折に本家筋の伯母に尋ねたところ、何代か前の一族の一人だと教えてもらった。その折、糸山貞次の話を、菩提寺円城寺の貞次位牌の前で聞いた。曰く「第三次旅順港閉塞隊朝顔丸指揮官で、中尉で戦死した……」。少々驚いた。

三重津（現在名は早津江）は佐賀海軍の根拠地だったせいか、明治時代海軍兵学校に入る者がいたようであった。伯母の旧姓が江口でして、貞次の同期生で将官を務めた江口姓も『海軍兵学校沿革（明治百年史叢書）』にあったようである。

三重界隈は、いわゆる〝石を投げれば誰かに当たる〟

式に、糸山姓がかなり居る地域であった。佐賀では古い神社に入る新北神社が、糸山姓の氏神社であった。明治維新直前まで神社神官を務めていた糸山衛守が、明治五年の日本最初の戸籍簿に、戸主糸山兵十（天保三年十一月三日生）前戸主糸山衛守 として記されており、これも伯母から教わった。

糸山衛守の生年月日については、佐賀県史料集成「新北神社文書」二 新北大明神由緒 一．当社川副三郷之御宗廟……一．相殿之神 龍造寺八幡宮、……一．御神領在所左之通、……一．御神領田数弐拾町六反四畝壱歩半、……一．当社社職名書 糸山河内 糸山相模 牟田口土佐 糸山浪江……糸山衛守 糸山文三郎 糸山造酒 安政五年午五月とある。したがって衛守の息兵十の生年月日天保三年十一月と上記の新北大明神由緒の日付との両方から、推量する外に道はない。いずれにしろ、一八〇〇年の初め頃であろう。

三．昭和十八―十九年の勧興国民学校の運動場

当時の校舎は、明治二十年「小学校令」での四学年制下級小学校の建物のようであった。平屋建て三棟（一棟は職員室、裁縫室、理科室などの特別教室）があり、講堂は二棟の教室棟の中央を貫く配置で、四学年十二教室の設計であったと記憶している。五―六年生用教室は、大正年代に完成した二階建て二棟の別棟造りであった。運動場は教室の南側にあり、百メートルの直線コースと長円状の二百メートルリレー・コースをどうにか取れる広さであった。

昭和十八年の国民学校四年生の時の思い出は、ここから始まる。運動場の西側に粘土置場があったが、踏み固められて築山になっていた。ここに十人ほどが立ち、複翼練習機（赤トンボと愛称されていた）の飛行訓練を休憩時間の十五分間、飽きることなく凝視していた思い出である。三〜四機の編隊を組んで、西と東（西は大村の海軍練習航空隊、東は太刀洗いの陸軍練習航空隊）から連日、午前と午後を合わせ二、三回飛来して飛行訓練、いわゆる郷土訪問飛行をしていた。一回が二〜三十分間程度であった。授業時間中の飛行騒音は、余り記憶に残っていない。

月に何回かの、低空に繰り広げられる特殊飛行が楽しみであった。編隊長機と思うが、翼を振って編隊を解散させるや否や自機を操り、佐賀城西側の幅百メートルぐらいの堀の上空数百メートルから、〝木の葉落とし〟の

曲芸飛行を見せてくれた。いわゆる失速反転の繰り返しである。友達と何回ヒラヒラ舞うか、回数の当てっこ遊びをしていた。

パイロット自身は狭い操縦席で、強烈な加速度の変化に耐えながら、必死で舞う回数を数え、自機の高度を目視で確認し（高度計は役に立たない）、堀の中に飛び込む寸前にエンジンを吹かし、高度を上げていたと思う。一度は〝堀の中に飛び込んだ〟と錯覚させる程の、猛烈な技を見せてくれた練習航空隊下士官教員の猛者もいた。

この飛行訓練の内実は、海軍ならば甲種飛行予科練習生（昭和十二年九月、従来の予科練とは別に急遽特設された課程、中学校四年終了時に採用）を開戦直後の昭和十七年に千名程度を二回採用し、六ケ月程度の座学終了後、六ケ月の中間練習機の操縦訓練を終え、卒業長距離飛行を兼ねる空からの郷土訪問であった、と戦後に知ることができた。しかしながらこの郷土訪問飛行も、昭和十九年に入るといつの間にかなくなってしまった。南方からの原油やガソリン輸送タンカーのアメリカ潜水艦の攻撃による被害、また昭和十八年度の二回にわたる合計三万一千余名（うち操縦訓練課程に進んだのは四、五千名程度）に及ぶ甲種飛行予科練習生の大量採用による訓練密度の希薄化がその原因、と戦後に知った。

ラバウル海軍航空基地周辺にまで米陸軍が迫るという昭和十八年末の緊迫した戦況のため、昭和十七年採用予科練生を急速練成（一ケ年あるかなしかの中間練習機教程と実用機教程の搭乗訓練）し、昭和十九年春以降に連合艦隊と南洋群島に実戦配備したとのことであった。この急速練成搭乗員の練度は、戦闘飛行は何とか出来るが経験不足のため攻撃練度に達してなかった、と後で知ることになった。

海上から日本に迫るアメリカ陸海軍を阻止する、つまり正味の対米戦力である海軍航空隊は、太平洋戦争の勝敗の鍵を握る存在であった。予科練（昭和五年六月創設、十二年九月に乙種予科練と改称）、飛行科予備学生（昭和九年十一月新設の高等商船学校卒業者から募集する下級士官搭乗員養成課程）、操縦・偵察練習生（大正六年に創設された海軍部内募集の搭乗員養成課程、昭和十五年十月丙種予科練に切り替わる）等の航空機搭乗員養成十ケ年余をかけ整備した海軍航空戦力は、日中戦争の損耗もあり、開戦以来ソロモン群島を北上する米国陸海軍の迎撃作戦の間までにほとんど消耗。このことも二年程前に、恵比寿の防衛研究所図書室に所蔵されている「外戦部隊飛行機損耗調」で知った。

急速練成の予科練出身搭乗員は、太平洋戦争の天王山と言われたマリアナ沖海戦に辛うじて参加できた。しかしながら、練度不足によって日米艦隊の空母決戦に完敗（天山雷撃機隊二十七機全機未帰還、彗星急降下爆撃隊五十余機中不時着数機を除き二機のみ着艦との第一機動艦隊六〇一空戦闘記録）であった。学校グラウンドから見た飛行訓練のパイロットも、恐らく未帰還機の中にいたはずである。

昭和十九年に入り、秋になると国民学校の授業はなく、殆ど屋外作業に切り替わった。グラウンドを耕して、カボチャ作り、防空壕（一・三メートル程度掘り下げ、上を材木で覆い、掘った土を被せ固める）づくりを、担任教師の指導で行う毎日であった。フィリッピン群島のレイテ決戦の時であった。いわゆる神風特別攻撃隊（〝シンプウ・トクベツコウゲキタイ〟が正式名称のようである）前夜のことであった。

学校備え付けの鍬が足りず、一学級二交代でしか出来ない農作業であった。鉄は兵器製作の材料に回さねばならなかったので、このような家庭用鉄製品が払底していた当時の状況であった。日本は石油の南方還送と同様に、海南島や中国大陸からの鉄鉱石の内地還送が、戦争遂行の要だったと思われる。屑鉄回収は国民学校児童の役割であった。登校の途中での、鉄釘拾いの記憶もある。

四．運動場鉄棒での思いで

昭和十八年秋のことである。二歳違いの姉と一緒に、理由は思い出せないが、低い鉄棒にぶら下がって遊んでいた。隣は高学年用の高い鉄棒であった。その鉄棒には、いつの間にか角帽を被った学生さんが懸垂をしていた。

姉と二人で、何回セリ上がるのか眺めていた。痩せた学生であったことは、いまでも記憶に残っている。数回は数えたかと思う。学生さんはため息をしていたようであった。都会では食糧が乏しくなり出した昭和十八年ごろであったので、たぶん体力の衰えを嘆いていたことと推量される。

突然その学生さんが私たち二人の前にきて、「何年生か？」とか「何歳か？」とか聞かれた、と記憶している。ここまではよかったのだが、急に私と姉の手を強く握りしめ、「将来どうするか？」とか「何になるか？」とかを、真剣な眼差しで問いかけられた記憶がある。その時の私の記憶では、「戦争に勝つために……」とか「テンノウ陛下ノタメニ……」とか、お仕着せの答えをしたようである。すると「そういうことを聞いているのでない、戦争などに紛れないで勉強して云々……」という、難しそうなことを真剣な強い口調で言われた記憶が残っている。気が脆い姉は、泣き出しそうになるのを堪えているようだった、と記憶している。

私の佐賀の家は古い蔵造りの大きい三階建であったので、旧制佐賀高学生の何人かが寄宿していた。その学生さんに鉄棒での出来事を話した、と記憶している。

戦後に知った戦時中の軍事行政と綾なすこの淡い思い出は、たぶん昭和十八年秋に実施された、文系の大学高専学生の徴兵猶予を撤廃し、下級幹部要員として動員するため、本籍地で徴兵検査を実施した折りのエピソードではなかったか、と推量している。姉も亡くなっている現在、この事を確かめようもない。

五．高校時代の本屋通い

昭和二十四年四月から私の新制高校生活が始まった。生活物資もボツボツ出始め、真面目な出版物も本屋の書架に並ぶようになった。太平洋戦争中の戦闘状況の〝暴露もの〟や〝真相はこうだ〟式の出版物に交じって、正しい科学的な戦争に関わる技術書もあった。現在は到底入手できない書物だが、九段下の昭和館に収蔵されているものもあった。

本屋の近所に県知事公舎があり、鍋島直紹第二代民選知事が住まわれていた。

高校の行き帰りの途中に本屋で、時々立ち読みしていた。立ち読みの本の中に、戦時中の機密兵器や戦略資源の技術書があった。戦時急造型奇数番号のジーゼル・エンジン海防艦に装着されていた、機関振動防止の耐熱耐震耐圧耐油合成ゴムに関する技術や、磁探（磁場変化による潜没潜水艦の探査機器）を三人乗りの艦上攻撃機に装備する技術、南方還送の原油・良質鉄鉱石やボーキサイトが途絶えることを予想して、石炭液化の接触触媒や、低品位鉄鉱石、銑鉄屑や瓦斯灰・硫酸灰等の劣等鉄資源、明礬等のアルミニウム含有鉱石を活用するための特殊冶金技術等々の、貴重な科学技術書であった。難しい科学技術と思ったが、高校生でも関心があるなら分かるような文体であった、と記憶している。

科学技術啓蒙を兼ねた、また戦略資源に劣る日本が勝ち抜くために懸命に努力したことを残したかったのか、現在の感覚からしても凄い本であったと思う。日本は科学技術に遅れていたから戦いに敗れたと、いろいろな立場の人々から言われていた。その反論の意味も込めていたかも知れない。昭和二十四年当時で、数百円オーダーの値段だったと思う。

欲しいと思い本を眺めていたら、本屋で顔を見知っていた鹿島鍋島藩の殿サン知事が来られ、さっとその技術書を買われて行った。

そのような戦時の科学技術に関心を持たれていることを知った驚きと、立ち読みする本がなくなったことへの残念さとがあい混じった感情であった。

この本と恵比寿の防衛研究所図書室で再会できた。現在では古書店にもなく、とうの昔に絶版になった貴重な出版物と思う。この外に戦時中の南方産戦略資源の内地還送に関する、豊富な統計資料も附録に付けた出版物もあった。この本は二、三十年前の現職時に改訂出版されたのを知り、高校時代から数え数十年ぶりに入手できた。この南方戦略資源の内地還送の原統計資料は、船舶運営会が戦後に纏めた航路別配船t数も含める輸送統計である。恵比寿の防衛研究所図書室所収の原資料をマイクロ・フィルムで複写し、最近入手した。

この戦争や日中戦争に関わる資料集めの原点は、高校時代にその萌芽があったようである。いろいろな批判はあったが、現職時代に集めた資料群を活用しつつある現況である。

六．防衛に関わる最近の難題

平成二十年に新聞・テレビをにぎわせた、難しい課題がある。防衛省高官が語った「蒋介石に騙されて、日本は〝日中戦争〟に引きずり込まれた……」の一項である。非常に難しい、これまでの、また今後の日中国交の基本原点に触れることである。

私は本難題の原点となった〝論文〟に触れていないので、軽々に発言出来ない。一般論として言えることは、次のようなことと思える。

非常に複雑でしかも重要な記述内容は、記述内容全体を熟読した上で、内容全体を切り刻まない姿勢に立つ批評が肝要であろう。すなわち〝一行足らずの文節〟を取り上げ、批評する人の思想心情に根差す、その〝一行足らずの文意〟を大きく膨らますような〝批評をする危うさ〟、これは在りうることと考える。

日中戦争、これほど複雑な要素を抱えた戦争はない、と私は思う。極東国際軍事裁判（通称　東京裁判）で、本戦争に関わる提出資料は、その八割が却下されている。特に中国国情の混迷を極めた事実を示す提出資料は、全て却下されたと「東京裁判（却下・未提出）弁護側資料（全八巻）」に記されている。〝中国国情が如何に混迷を極めていたからといって、九ケ国連合軍である支那駐屯軍の日本軍部隊が、永定河を越え侵攻できる謂われはない〟との趣旨と思われる。

今年（二〇〇八年）の八月、前に記したように昭和二十年八月十五日と同年九月二日の太平洋戦争終結に向ける日本政府の対処について、二回に分けたテレビ番組があった。その最後の場面でのキャスターのナレーションが、〝八月十五日と九月二日の二度の太平洋戦争終結に向けた日本政府の対処をどう見るか。すなわち放映内容から引き出すものは、視聴者に委ねる〟であった。

日中戦争終束に向ける日本側の措置を争点にした日米外交交渉、交渉を重ねた末の太平洋戦争開戦の決意、海軍の壊滅という厳しい戦局からポツダム宣言を容れ太平洋戦争終結にむける日本政府の対処について、〝論評出来ない〟、を伝えたいのであろうか？

以下は私の管見である。〝太平洋戦争も包含する〟日中戦争〟の一般論的見解〟は、現在のところ出されていない。だから、上記のような、キャスターのナレーションになってしまった。

本小文を書き終えて

私の高校一年時の英語教師は、学級副担任の美人の女先生であった。この方に係わる伝説があった。〝戦死されているが、ご主人は海軍大佐だ〟。悪童連は、事あるごとに事実を言わせようとした。しかし女先生は巧みに話をそらし、その手は〝桑名の焼き蛤〟であった。

その片鱗を伺わせる徴候はあった。昭和二十四年、佐賀の田舎高校にバドミントンを持ち込んだ先輩がいた。「バドミントンって何だ」、「西洋羽根ツキらしいぞ」、「西洋羽根ツキ、珍しい。入部してみよう」。副担任主宰の英語の補習か何かをサボルために、悪童連中そろって美人先生の前に立ち、理由を述べた。

美人先生は一喝しなかったが、眉を曇らせながら一言「男は、ラグビーやサッカー、野球などになさい」であった。美人先生にしては〝勇壮活発〟だなが悪童連の感想であった。この謎は、私が現職をやめる十五、六年前に解けた。

化学の専攻上での高知大学の知人が、戦争に少しでも関わる話に徹底的な拒絶反応を示す、江草という英語教授の不思議な言行を話題にした時に、この謎を解く手掛りが生まれた。詳しい話は、複雑になるので省く。昭和十六年十二月八日 真珠湾第二次攻撃隊急降下爆撃隊々長江草隆繁少佐（真珠湾攻撃では生還、昭和十九年六月十五日サイパン沖で米空母機動部隊昼間強襲の雷装陸上攻撃機隊々長として未帰還）が高知大学の英語教授の亡きご主人であり、高校副担任の美人先生の結婚仲立ちをされたのが江草ご夫妻ということであった。美人先生と高知大学の英語教授は、共に海軍士官の嫁サン養成学校と言われていた鎌倉女学校出身であり、海軍兵学校出身の海軍士官を身近に見ていたので、「バドミントンよりラグビー……」の言葉が出たと思われる。

美人先生の亡きご主人はレイテ沖海戦で戦死された海軍大佐との由も、謎が解けた時に知ることが出来た。私が身につまされたことは、この戦争に関わる話を一切拒絶するお二人の姿勢であった。現在の世相を見聞きするとき、贅言はありえない。

私は、お二方のご心境が痛いほど分かる。このためにもまた戦没された大勢の方々のためにも、国際政治の地政学的な変容も大きい今日、一九三七年（昭和十二年）七月七日以降の戦争に関わる体験を残すと共に、戦争自体に関わる過半の方々の意見を一般化する形にして、纏めるべきであると思う。

鎮魂の譜

藤井　洋一

昭和二十一年四月上梓の『先祖の話』のなかで、柳田國男さんは、「家永続の願い」のことを素晴らしい文章で書いておられる。祖母の連れ子として我が家を継いだ父の子として生まれたわたしは、若いころより「家と人の一生の民俗」を調べてきたが、喜寿の歳をすぎた今、加齢のために抗しがたい「失われる記憶」を受け入れる心境にたじろいでいる。

四国霊場八十七番札所長尾寺門前に、二基の重要文化財『長尾寺経幢』が建っている。西側のものは弘安六年（一二八三）七月、東側のものは弘安九年五月の銘がある凝灰岩の面取りをした四角柱である。経幢というのは、経を書いて供養し収めたものである。町史には「弘安の役直後のことであり、この役に出陣した讃岐将兵の霊を供養するために建てられた」とある。

醍醐寺三宝院文書によると、この長尾の地は、北条政子家の法華堂領の荘園だった土地である。彼女の創建になる高野山金剛三昧院も讃岐に縁が深い。

鎌倉の円覚寺は弘安五年無学祖元のすすめで、日本軍・元軍の敵味方を問わずこの役で犠牲になった人の供養のために北条氏が建てたものといわれる。

この長尾寺経幢の下部にはたくさんの削りとられた跡がある。これは、この石の粉を心に願いをもって、祈りながら水で呑みくだしたものと言い伝えられている。また、長尾寺本堂内陣の「怨親平等」の字のことを住職から聞いた。

人の歴史も、土地の歴史も、ともに大きなつながりのなかで展開しているのだと思うのである。

この長尾寺の門前から、百メートルほど東に道の四つ角があり、西北の角に南向きで尾崎屋という菓子屋があった、この家の二階を借りて住んだのが、あとで述べる青雲の志の夢破れて帰郷し、大川郡役所へ勤めた父であった。

大正から昭和へと経過して、昭和二十一年十一月九日の午後、ともに明治二十四年生まれで、中学校の同級生である陶山玄八医師の手を握って、南原繁さんや国方慶三さんなどの同級の友の話をしながら、数時間の後に父は五十九歳を一期として死んだ。

わたしはこの父の子供として、昭和の最初の午年の年末に生まれたと聞いている。昭和ひと桁生まれまでの世代の人には、このように書いたほうが、戸籍謄本より真実である人生の出発をした人も多いのである。

六歳で尋常小学校に入学し、十二歳で石田国民学校を終了し、歩いて三十分で通学できる県立大川農業学校農業科に入学した。そのころは、戦争も本土が攻撃されるようになっていた。二年生のとき、空襲警報がでると、長尾警察署に近い者が、当番で警察署に駆けつけて、留置所に勾留されている人があれば、その人に付き添う役を言いつかっていた。それほど若い男は、戦場に駆り出されていたのである。

翌年、大川農業学校の獣医畜産科へ入学した。入学後の生徒は農家の有畜農業の推進に携わることになるのだが、戦時中の軍馬の飼育や治療の要員養成のために開校されたものであった。

当時は野犬が多く、解剖実習の不足を補うために、それを捕獲して、内臓その他の器官の観察や作図をし、正規の授業で扱った牛馬や豚などの死体とともに、土に埋めて腐らせたものを、骨格標本にしたりして、骨の細部の観察をしたものである。そして、獣医畜産科三年を卒業するまで、家畜の飼育や乗馬で遠乗りをしたり、当時得難い焼き肉を食べて青春を謳歌したりしたのである。

若気の至りと言っても、あまりにも無謀であったと思うことがある。

昭和恐慌の時代に生まれたわたしであり、養家の財産を使い尽くして軍人になった父であった。父が将来の備えとして考えたと思われる、唯一の財産ともいうべき名前が印刷された戦時債券が、敗戦で紙くずとなったうえ、全く経済的に行き詰まった家に、残された病身の母と、その子であった。昭和二十三年という年は、旧制で卒業してもよく、新制高等学校へ進級してもよい特異な年であった。数少ない卒業生でただ一人、香川県庁への就職を学校が推薦してくれたのであるが、申し訳ないことではあったが、のっぴきならない選択をしたのが、世にいう代用教員への就職であった。

農業学校在学中に父の葬儀をしたが、彼の死後になって、陸軍士官学校時代の同期という人が何人か訪れて、仏壇に手をあわせてくれた。それらの人たちから聞いた話で、わたしは父の人生のことを知ったのであった。

日華事変といわれたころの戦線の山西大飯店と書かれた建物の前で、同級会を開いた時らしい写真に、二列で十三人が並んでいるのだが、陸軍中尉だった彼が前列中央の右に位置しており、しかも、他の十二人はすべて佐官以上の階級章の人たちであった。

生前に士官学校当時の香川県ゆかりの後に陸軍歩兵十二連隊長になる安達二十三さんや五十五軍司令官になる原田熊吉さんら親しかった学友のことや、鈴木貞一さん、土肥原賢二さんなど二十二期生の話も聞いたことがある、また、先輩の石原莞爾さんの名と東亜連盟や満蒙開拓団のことも聞いた。さきの我が家へ訪れた同期生の口から教えられたことは、上の奇異に思える写真の光景の意味が、ある程度理解できるものとなった。

彼は卒業後、久留米師団に配属になり、彼の兵科である輜重兵の訓練要綱を作って兵の訓練を行ったのであった。それが、こともあろうに、「輜重兵操典」と名をつけたために、軍法会議にかけられる破目になる一歩手前で、予備役を命ぜられ、以後の昇進の道が閉ざされたのであったらしいのである。

その後、地位回復がなされないまま、大正三年八月の

第一次世界大戦で青島攻略の作戦に従軍した。また、昭和十二年からの日華事変にも、独立部隊の隊長として応召していていたのである。時代がこうした異例を生んだのであろう。

明治から昭和までの時の流れに、無念の人生を送った父は、仔細を語ることがなかったが、彼が士官候補生の時代に、明治十年に発布された歩兵操典があり、それが、明治二十年にフランス、二十四年にドイツ陸軍の歩兵戦術をとりいれた操典に改定が行われていて、若い父は、「輜重輸卒が兵隊ならば、蝶々、トンボも鳥のうち、電信柱に花が咲く……」と揶揄される事態に憤ってか、どうした事情なのかはわからないが、輜重兵の戦術研究を独自に行って要綱に仕上げ、それが、当時の日本陸軍内部の勢力構造の問題ともからんでのことらしく、天皇の大権侵犯にかかわる恐れということからか、若い彼が現役から外されることになったらしいのである。

軍令陸第三十号の輜重兵操典は、昭和十五年十月十四日に、「朕輜重兵操典ヲ改定シ之ガ施行ヲ命ズ、御名御璽」とあって、「多年ノ経験殊ニ最近軍事ノ進運ニ稽ヘ茲ニ輜重操典ヲ改定ス、益々研鑽応用其ノ宜シキヲ得以テ本操典ノ趣旨ヲ完ウセンコトヲ期セ」とある。この輜重兵操典の綱領・総則・徒歩教練・各個教練・中隊教練・輓（駄）馬教練などの根幹となる訓練内容で、父の手になる訓練要綱が各所で用いられていたと、先におとずれた同期生の話であった。

時代はずっと下がるが、昭和十六年一月八日の発布で、序に、「夫れ戦陣は、大命に基き、皇軍の神髄を発揮し、攻むれば必ず取り、戦えば必ず勝ち、遍く皇道を宣布し、敵をして仰いで御稜威の尊厳を感銘せしむる処なり、されど戦陣に臨む者は、深く皇軍の使命を体し、堅く皇軍の道義を持し、皇軍の威徳を四海に宣揚せんことを期せざるべからず。惟ふに軍人精神の根本義は、畏くも軍人に賜りたる勅諭に炳乎として明らかなり……」と始めて、結に、「以上述ぶるところは、悉く勅諭に発し、又之に帰するものなり。されば之を戦陣道義の実践に資し、以て聖諭服行の完璧を期せざるべからず。戦陣の将兵、須く此の趣旨を体し、愈々奉公の至誠を擢んで、克く軍人の本文を完うして皇恩の渥きに答へ奉るべし。」と終わっているのは、陸訓第一号「本書ヲ戦陣道徳昂揚ノ資ニ供スベシ」と陸軍大臣東條英機の名で公布された『戦陣訓』である。

時代が大正から昭和に変わり、身分が士官候補生と陸

大阪毎日新聞　昭和十四年八月三十日

大阪毎日　香川版

戰場灼けの赭顔に　懐し故國の初秋　藤井部隊勇士還る

遂に血を吸はぬ　腰の名刀・關孫六　武勲語る藤井部隊長

(上)藤井部隊の歓迎式 (下)帰還した藤井部隊長――いづれも○○港にて

軍大臣の違いがあるが、行った行為の内容に「雲泥の相違」があると認識することに、彼は一生納得のいかないものをもったのであった。

「野にくだる」という語は今日では死語になったが、軍を放逐されて郷里へ帰った父は、従兄の井川伝さん、井川昌平さんなどの助力や、中学校時代の同窓生、村長の石川高三郎さんや藤井浩さん、松岡弥三郎さんなどの力添えを得て、大川郡畜産組合や、牛馬商組合にも関係し、大川郡内の農業、特に畜産の振興に力を注ぐようになった。なかでも、農村恐慌の時代の苦難は、家族のことなど忘れる日々であったらしい。石田の牛市場や但馬牛の移入などに腐心した話、大川農業学校と獣医畜産科の誕生などのことは、死後になって関係者から話を聞いた。

このように、父は第二次世界大戦の敗戦までの日々を、学校の教員、警察官、牛馬商組合の組合長、荷馬車運送業組合長などで露命をつなぐ一方、在郷軍人として、郷里での生活を続けるのであった。

耕作面積は少なかったが、有畜農業の導入推進に力をいれた。近辺には阿波からの牛を借りての耕転や砂糖締めを行う借耕牛はまだ残っていた。

　但馬牛は仔牛を購入し、育てて市場へ出すものだったが、牛馬の飼育は、労力もさることながら、草を刈って飼料にしたり、牛が踏んだ敷き藁を積み込んで堆肥にして、地味を肥やすためのもので、収穫を高める有力なものであった。

　用水と野山の草木の共同利用が、故郷の人々の絆を育むものであった。村や村落共有の林野へ、近隣の人たちが誘い合って、草刈りに出かけた。

こうした時の労働歌『野節』がある。

　　山で　床とりゃ　木の根が枕
　　落ちる松葉が　夜着となるよ
　　わたしゃ　子が無うて　養子に嫁よ
　　野辺のおくりは　寂しかろよ

　実に、牧歌的な歌であるが、地域共同体の連帯を強く感じるのである。特に夏の刈干は、農閑期の一日仕事の重要なもので、共有林での作業を競った。

　早朝目的地へ着くと、作業効率を考えて場所取りをし、刈り口をたててから一休みする。それから上への幅についての作業の占有権が不文律になっていた。


ときには、次のような珍風景をみたことがあった。

居住した石田村の小学校で、香川県知事を来賓に迎えての行事が行われたとき、父も勲章を胸につけて出席した。来賓席への着座で、互いにしばらく席を譲り合うことがあった。位階勲等ということが厳しく考えられる時代であったからである。また、戦時中は、在郷軍人会や青年団の査閲などで、丸亀の連隊長や善通寺の師団長が地方へ出かけてくることがあった。特に、異動があったときなど、挨拶に立ち寄ることがあった。そんなにとき、副官もふくめて、みんなが階級章のついた上着を脱いで家へ入ってきていたのを思い出す。

　また、昭和二十年までは、門入池より少し下ったところで、秋友寅吉・穴田岩美さんらと山から松の根を掘ってきて、松根油を精製する作業にもあたった。

「本土決戦」「一億玉砕」などという文字が新聞に載るようになる少し前のこと、村の婦人会が「非常時宣言」下、銃後の守りといって、竹槍訓練が行われた。あるいは、村での集会のとき、在住の士官学校出の陸軍将校ということで、父は時局についての講話を依頼されることが何度もあった。そうしたとき、時々警察署から迎えが来て、時には、留置されて帰ってこないこともあった。そうしたとき、村長の藤井浩さんが迎えに行くのに、誘われてお供したことがあった。子どもの前では議論をしないだろうと思ってのことだろう。

署長室で待っていると、あらわれた父は、世界地図を出してくるように頼み、新聞報道などをもとにして、戦況についての彼の判断を話すのであった。いつも、かなりの時間を経て、いっしょにかえってくるのであった。

戦後間もない頃、進駐軍のジープが隣の役場へくると、親しかった村長の藤井浩さんから呼び出され、交渉に立ち会うことがよくあった。正しく通訳が行われているか教えてくれとの依頼からである。士官は国を代表するような機会もあるというので、語学の教育は、彼の時代の教育では重視されたらしい。通訳に「君も日本人なら……」と意見することもあったという。

わたしの教員生活は、戦後の昭和二十三年に特異状況ではじまった。同年四月、助教諭として教職に就いたのが誉水小学校（現東かがわ市）であった。学校は名刹与田寺の隣にあり、大正・昭和の時代に文部大臣・大蔵大臣・逓信大臣・鉄道大臣・運輸大臣などを歴任した三土忠造さんや、弟の軍人の宮脇長吉さん、埼玉・岐阜・新潟・千葉県などの各県知事を歴任した宮脇梅吉さん三兄弟などの出身地で、地域の誇り・出藍の誉れを愛でる土地柄であった。

敗戦後間もない頃の学校は、子供はみんな徒歩通学、教員も三本松で汽車を降りてから数キロメートルの徒歩か、自転車での通勤であった。

純農村でありながら、クラスに数人の昼弁当をもたない欠食児童があった。しかも、他人の施しを受けない風が強く、江戸時代の施行小屋の習俗を伝承するものがあったように思うのである。

新任の一年が終わると、応召して戦地にあった師範学校出身の教員が帰国してきた。そのために、「お役御免」の選別試験があり、多くの助教諭が学校を去って行った。幸か不幸か、首がつながったわたしは、香川大学の臨時教員養成科で学んで教員資格をとり、その後、教職を続けながら法政大学の通信教育を受講したのである。

次の勤務校は長尾小学校（現さぬき市）であった。昭和二十年代後半はインフレで物価や貨幣価値の変動が大きかった。

その頃の村の風俗で記憶するのは、農山林地域では、ノッポといって、人糞尿をためて腐らせて肥料として使うものであった。長尾の町場はせいぜい一キロ四方もないものであったが、そうした家々の人糞尿は、近隣の農家が野菜など農作物との交換で汲み取りに来ていた。

昭和三十年代中頃になって、学校給食が始まったが、長尾小学校でとんでもないことが起きた。学校保健のことが重視され、わたしは学校の保健主事を担当していたときである。当時は、キノホルムという下痢止めの薬がよく使われるようになっていたことや、街中を流れる川に、夜間に人糞尿を流す人があることを知っていたので、水洗便所になる前の時代の、学校の便所を毎日見回っていて、下痢便をよく見かけたことがあった。そのため、手洗いの励行を全校的に強化していた。ところがこともあろうに、二人の赤痢患者が出て、全校生の検便がおこなわれることになり、数日のうちに二百名の保菌者が発見されたのであった。

わたしは地図上に、その保菌者と知らされた子ども家を記録して経過を見守り、隔離病舎・保健所・学校との間を走り回って、恐慌状態の日々を過ごし、最後には、隔離病舎に入った子どもの世話と、学校との連絡のために、わたしも隔離病舎で数日を過ごしたのであった。ところが、学校よりの電話で、原因が学校給食にあるという噂がでたという連絡があったので、わたしが書き続けてきた保険日誌を見てもらうこと、地図上に記録した保菌者の家と、川の位置関係を検討してもらうことを頼み、わたしが隔離病舎を出るためには、検便をしなければならないので、もどかしい時間を過ごした後学校に帰ったのであった。無責任な風評にこれほど腹を立てたことはなかった。

その頃に愛読していたのが、週刊誌『朝日ジャーナル』に連載されていた堀田善衛さんの『海鳴りの底から』である。これは、島原の乱に取材した風変わりな歴史小説であった。それは、世間の正義には内向きの論理と、外向きの論理がある、というテーマ性が好きだったからである。

前に書いた小学校児童の赤痢保菌者の検便をめぐって、隣の造田小学校はそれを拒否したのである。川下に当たる同校は、伝染病隔離施設の状況をはじめ、もろもろの事情を勘案してのことであったものと思われる。また、町議会をはじめ教育委員会も、対応に腐心したのであった。

少し前に、小規模ながら小豆島で同じような事件があったらしいが、われわれクラスの教員には知る由もなかった。当然責任問題が起きたのである。その頃、長尾町は、最初の町史編纂が企画され、長尾小学校の校長がその中心的役割を担っていた。長尾・造田・前山・多和の全域にわたっての史料調査を始めようとされていたのである。

当時は、多和小学校はへき地学校に指定されており、勤務を希望する教員がなくて困っていたのである。昭和三十七年四月、わたしはその多和小学校へ転勤していった。そして、同七月六日、町内のＰＴＡ連絡協議会があって、その出席者や小中学校の教員などが乗った帰りの定期バスが、四十メートルほど下の谷川へ転落し、たくさんの死傷者が出たのである。この件についての事後処理を、当時知り合いになった新進の弁護士近石勤さんとともに進めたのであった。この時期ほど、当局・学校・一般人の思考・言動の多様性と自己主張の自由性というものを、長期間考えた経験はなかった。

このようにして、平成三年三月に定年退職をしたのであるが、わたしの教員生活の期間は、戦後からの大きい変動が続いた四十年間であったと思われる。

多和小学校へ勤務のころから開始した教員としての勤務と並行して、瀬戸大橋架橋前の瀬戸内海歴史民俗資料館開設準備のための各地の調査研究に出かけたのであった。昭和四十年代後半のころの瀬戸内沿岸や島々では、都会へ向けての離村家族があって、どこでも廃屋が目立った。また、葬送儀礼が変化し、それぞれの地域に特徴のある両墓制をはじめとする慰霊習俗が消滅しつつあった。特に惜しいのは、人生儀礼につながるそれぞれの島の中を巡る島四国は、今日注目されつつある四国遍路と密接な関係のあるものではあるが、その全容が不明のままで消滅する運命にある。

また、現香川県立ミュージアムの前身である香川県歴史博物館の準備の資料調査員として、地域の歴史・民俗の調査にも参加した。古文書や有形・無形民俗資料の保全・集収や、その活用についての体制に混乱がみられ、市町との連絡や供用についての準備不足を感じた。

そのうえ香川県史や各市町の史誌の執筆などの機会があって、わが人生に余分な迷いを持つ時間がなかったこと、そして、退職後七十八歳の今日まで、地域史研究に取り組めたことは、我ながら幸せな一生であったとつくづく思うのである。

朝の散歩コースに、「昭和十六年十二月八日　大詔奉戴記念　下名部落會」と彫った国旗掲揚用の石碑がある。この種の戦時下の碑文類には、「八紘一宇」をはじめ東アジアの新秩序ともいうべき、広大な理想郷を描くものがあった。

これを見るたびに思い出すことがある。それは、長尾俳壇月例一千回記念「句集ながお」に、故人の句として、次のような父の一句が載せられている。

大御稜威　十億の民　春にぁふ　　龍月

また、戦後のまだ元気だったころの父が、日清・日露の開戦詔書と、昭和になっての開戦詔書の文書を比べると、後者に明らかに国際法の感覚で欠落する部分があるなどと、当時十五歳の子供のわたしに言ったことを覚えている。

最後に書いておきたいことがある。それは、昭和四十一年に高松の市原輝士さんや市図書館の宮田忠彦さんのお勧めで始めた、高松市立図書館三階で毎月一回、いろいろな専門分野の人たちによる講座『郷土文化サロン』のお世話をさせていただいたことである。

わたしは七十回ぐらい主催して、あとを井川昌文さんに後継してもらって高松市歴史民俗協会の傘下に入ったのであるが、秋友義昭、井川昌文、白井加寿志、中原耕男、浜田潤一、松原秀明、溝渕茂樹、三谷敏雄、八坂俊生さんが執筆の『郷土文化サロン紀要』第一集を昭和四十九年に、秋山尚、勝本倫生、亀井芳文、谷原博信、近石泰秋、土岐道憲、豊嶋弘、豊田基、野田弘之、松原秀明、森下敏行さんの執筆した第二集が昭和五十一年に高松市立図書館から発行された。これが今日いろいろな文化の典拠となるものとなって、ときどき思い出がよみがえってくるのである。

少国民から共学へ

津森　明

　昭和九年九月十八日、わたしは今日の高松市浅野の津森家で父長太郎と母よ志子の四番目、三男としてこの世に生を受けた。この三日後にいわゆる室戸台風が襲来、頑丈にできていた家屋の丸瓦も何枚か飛ぶという強風だったという。

　出生時の体重は三千二、三百グラムあったといい、へその緒も実家にあったがその後、どうなったことか知らない。

　命名について母はかつて俳優の鈴木伝明の一字をもらったと話してくれたことがある。

　誕生の日は満州事変勃発三周年の日であり、戦争の時代に入った頃であることが分かる。しかし上海事変はあったり局地での戦火はあったようだが内地は平和であった。

　当時、祖父母も健在で祖父は、県会議員を退き県農会会長を務めていた。父は県庁に勤務する農林技官であった。姉は大正十五年に生まれていて当時小学生で、長兄も小学校に入ったばかりで次兄が三つ違いの幼児だった。

　祖母はわたしが数え年三歳の十一年に腎臓病で他界、もちろんわたしには全く記憶がない。翌年七月に起きた支那事変と呼ばれた北京郊外から広がっていく日中戦争についてもまったく記憶がない。

　就学期までの記憶は毎朝、赤い小さな箱膳で御飯を食べていたことくらいでいつも鶏卵をかけた卵御飯を食べていた。家には女中さんや男衆と呼んでいた手伝いの人もいて大きい鶏舎には何百羽のニワトリを飼っていた。また蚕室もありカイコを飼っていたし鶏舎の側に使用人の生活する大きい建物があり蚕の桟や小鳥ブームの時の鳥カゴが残っていた記憶がある。

　子供の頃にどんな姿をしていたかはたいていは分からないだろう。わたしは幼児の頃、たぶん三歳くらいの時、真っ裸になり姉に抱かれている写真がある。もちろん素っ裸の日丸団子であり、叔父たちからナポレオンというニックネームを付けられていた。だから幼児のころからナポレオンという人物名は知っていた。

　小学校に入る前に新聞の広告欄のカタカナを読み、早熟だったようで両親らは一年早く入学させようと思って

昭和 11 年夏、姉に抱かれて従兄弟と叔父らと。

いたともいう。思い出すとワカモトという広告のことが鮮明に浮かぶのである。

小学校に入る時、尋常高等小学校の名は国民学校と変わっていた。国民学校令に基づき名称が変わったが、それだけでなく今考えると戦争への道を突き進んでいく準備のようだったとも思える。入学した十六年十二月八日に日本海軍の真珠湾奇襲になり大東亜戦争が起きるのだから。

国民学校初等科に入学ということになり母に連れられて国民学校に入った。校長先生は溝渕佐太郎という人だったと思う。校庭には多くの桜樹が並んでいて満開だった記憶がある。

受け持ちの先生は和服を着た向原ヤイという女性の先生で、男女一緒の教室で一組しかなかったが女性が六十人くらいいて男子は二十数人しかいなかった。広い理科室という教室で、建築は明治時代と思われるもので欄間にずらりと日本の歴史年表がはられていた。絵入りでこの年表があったことで後年になっても年代についてははっきりと覚えているのだろう。

国語の第一ページ「アカイアカイ　アサヒアサヒ」という文を教えられた。前年までの「サイタサイタ　サクラガサイタ」から変わった初めての年代であった。

もう一つの記憶は学校の玄関に奉安殿という堅牢な神殿があり、そこには教育勅語と両陛下の御真影が入れてあって祭日といわれた日の式典には教頭がそれを捧げ持って講堂に持参、校長が厳かに朗読していた。「朕惟フニ」と朗読していたのを聞いた。そして国歌を斉唱するのだがそのさいなぜか皆一斉に咳をするのである。女の子は最敬礼という体を四十五度に曲げる礼の後、これまた一斉に首を振るのである。おかっぱの髪が乱れるから直していたのだろう。

学校の玄関を入ったところの大廊下の正面には片翼飛行で帰還した有名な本県出身の樫村兵曹長の写真が掲額されていた。職務に対する忠節そして沈着冷静を教えていたのだろう。

奉安殿から御真影が運ばれる時は初等科生より早く高等科生が整列して迎えるのでわたしたちが迎えることはなかった。

教室でも教育勅語を暗記させられたがクラスでわたしが一番に暗記できた。暗記力は優れていたと思う。「ジンム、スイゼイ、アンネイ、イトク、コウショウ……」という歴代天皇の名前も一、二年で丸暗記させられ、今でも平安時代くらいまでは一気に言える。毎朝だったかは忘れたが朝礼が運動場であり、よく服装検査をされた。危険なものを持っていると没収されたものである。小刀や杉鉄砲も没収された。

大廊下という幅広い廊下の途中に武器庫というのがあり青年学校の生徒が軍事訓練に使っていたが三八銃が何十本と並んでいた。戦利品とおぼしき銃もあった。

米英に宣戦布告前から〝米鬼英鬼〟とよく聞かされていた。その時代には各地で小競り合いは起きていたようであり、オランダも敵対視されていた。英、蘭が南方に植民地を多く持っていたことは地球儀などで世界地図をよく見ていたので知っていた。

日本が満州を植民地にしていたことは知っていたが満州は皇帝がいてその人も満州人であるので日本の傀儡とは知らなかった。満州は極寒の地であり、寒い時には「満州の兵隊さんを思え」と先生は教えていた。猛暑の日に「暑い暑い」というと「南方の兵隊さんを思え」と教えられた。戦時下の少国民の教育を丸受けしたのである。

このごろの人は「小国民」だとか言っているがあれは間違いで「少国民」が正しい。新聞などでも国民学校の卒業生とか書いているがあれも間違い。初等科と高等科があり中等学校や高等女学校に進まないものは高等科に行かないといけなかった。中等学校は初等科卆で入学できた。

一年の三学期、十七年二月十五日に英軍の基地であるシンガポールを日本軍が陥落させて学校ではみんなで日の丸の小旗を作り村中を行進して歩いた。日本軍は強いと信じ込ませられた。シンガポールは、日本の占領後に山下奉文大将と英軍のパーシバル将軍が交渉「イエスかノーか」の言葉が知られ日本領になって昭南島という名になった。昭和の南という意味である。

学校からよく迎えに行ったのは戦死者の遺骨の無言の帰還であった。迎えに村境まで集団で行った。多分、十回くらいは行った。白い袱紗に包まれた遺骨らしいものを遺族が胸に抱いていた。講堂の壁に村の戦死者の写真が掲額されていたが次第に額が増えていった。

そのころ村出身の予科練の生徒が来校して海軍体操を披露したことがある。数人の後輩を並べてその上を宙で一回転して飛び越えたのには驚いた。乙種予科練の生徒だったので高等科出身だったのだろう。

三年生の時のある事件は忘れられない。国語の時間に雪舟のことを書いていたところについてである。わたしは兄弟が多かったこともあり自然に兄たちの教科書を読み予習になっていたのだ。先生はある女の先生で、雪舟をユキブネと教えた。わたしは即座に「違うセッシュウだ」と言ってしまったのである。

その時、先生はユキブネであると言われた。そして翌日、先生はわたしを呼び「今日から級長を交替してもらうから」と言われた。わたしは別に気にも止めずに従ったのであるが後年、中学校に入ってからだが家庭訪問にある先生が来訪した際、玄関の近くの押し入れに入って先生の話をそっと聞いた。その時に「実は明君が雪舟事件といわれていた間違いを先生が教えたことなどでひねくれていないかと心配だ」という趣旨の話を聞いてしまったのである。

当時先生が次々と召集されて出征され女先生が増え、さらに代用教員という女学校を出て赴任される人が増えていたのである。この事件は確かにショックであったが黙って従っていたらよかったかとも今思っている。

四年生の夏、警戒警報も出ていなかったと思うが学校の上空高いところに飛行機が飛んでいるのが見えた。この時の先生は「あれは友軍機だ」といわれたが後に耳にしたのはB29爆撃機であったという。

この先生はわたしの体操の姿がヒョロヒョロしていたのか「コラ幽霊みたいにするな」といわれ、後に女の子からユーレンなどとからかわれた。しかしある日は街頭で会った先生に対する挙手の敬礼がよくできていたと褒めてくれたりもした。

この先生は阿讃国境の方から自転車で通っていた。そのころ空襲を恐れて疎開が増え、ある女の子が大阪から転校してきた。可愛い子であったからか皆が帰りにからかってそれを指摘され翌日、全員が教卓の前に並ばされ先生は金槌で罰として脛を殴られた。多分、痛いくらいであっただろうが先生にはよく叱られた。

十九年に入り戦争はさらに過酷になり敵機の日本本土への空襲も増え出して若者が召集されていった。近所からも出征して行き早朝に母親と共に見送りに行った思い出がある。そして戦死者も出始め近くの竹細工をしていた人が応召していき、ついに戦死してしまった。未亡人になった女性が号泣、小さいわたしよりも二、三年下の子もいた。近所の人が「天子さんがちゃんとしてくれる」と慰めの言葉を言っていたがその時、天子さんという言葉をはじめて聞いた。

そのころだったか木田郡林村に陸軍航空隊の飛行場が出来るという話が耳に入った。この飛行場の建設のために多くの村人が近隣町村からも動員させられ、中学生も勤労動員させられた。そのころ国防婦人会の人々も防空頭巾をかぶりモンペ姿でバケツリレーなどの訓練をしていた。成層圏に敵機が飛来するようになり、そのたびに空襲警報が発せられ防空壕に逃げ込んだ。自宅の壕は裏山のふもとに穴を掘って作っていた。

十九年二月に生まれた弟は警報のたびにサイレンのまねをして「ウーンウーン」と言っていた記憶がある。空襲が日本本土にされるようになり、わたしたちもいよいよ少国民としての心がまえを持ったものである。学校では手榴弾の投げ方や敵兵の急所を蹴飛ばすような軍事教練もされ出した。

また軍馬にやるということで茸を採ったりさせられたし蝗《いなご》の駆除のために動員させられて学校中で大きなかごに一杯になるほど採取したこともある。それをカワラで焼いて塩を混ぜてご飯に振り掛けて食べたこともある。

二十年になると縁故疎開ということで空襲の危険性のある大都市から多くの人たちが疎開してきた。従兄弟も朝鮮の釜山から二世帯が疎開してきてわたしの家のかつての養鶏舎の管理人用の宿舎などに入居した。二階建ての大きい居宅で従兄弟は国民学校の生徒であり、わたしは遊び仲間が出来て楽しんだ。

通学も一緒に行ったが叔父は釜山の東來という町で新聞販売店を経営していた。繁華街であったらしく従兄弟たちは農業については知らないようで一級うえの従兄弟もサツマイモを挿すというのも知らなかったことを思い出す。このごろも種を播くというのと苗を植えるという播種と移植の区別がわからない者がいるから不思議ではないが当時はびっくりした。

このころアッツ島が陥落して山崎保代大佐（死後、中將に昇任）らが玉砕したということを聞き、姉が靖代という名であったので印象に残っている。

二十年春三月六日に浅野国民学校が陸軍通信隊に校舎の一部と講堂を接収された。林村に新設の第百飛行団の通信隊が空襲を避けて周辺の国民学校に展開したのである。確か六教室くらいが接収され、通信機材と兵隊がトラックで来た。手押し車に機材を乗せて運んでいるのを不思議に思い「何やゴマがついてるぞ」と言っていると「いやクルマだよ」と標準語で話し掛けられて東京弁だとわかった。

このころ運動場の一角に八紘一宇になぞって正八角形のワラぶきの施設が建った。この建物は村の大工さんが設計、村の人たちによって建てられたものだったが惜しいことに昭和三十年代にこわされた。

六月に入り我が家に四国海軍部の偉い人が下宿することになり副官の安倍中尉と共にやってきた。橘中佐という人で長髪を分けていて丸坊主の国民の中で珍しく洋風に驚いた。散髪すると言い、私が近所の床屋へ案内した。一般の人が自転車しかない時代に毎日、乗用車での送り迎えであった。

ところで国民学校では同年、運動場を開墾、サツマイモのツルを挿した。食糧増産のために生徒を協力させたのであろう。このころ林の飛行場部隊のある隊員の父がはるばる愛媛から面会に来たことがあった。兵隊は浅野の通信隊で宿泊、林に通っていたらしい。面会の後、父は帰郷したがそのすぐ後、飛行場が空襲され、この兵隊は悲しいことに機銃掃射で戦死した。林では勤労奉仕の人も数人が敵弾で犠牲になっている。

七月三日の夜、高松が空襲された。私は従兄弟の家族が仮住まいしていた丘の桜樹に上って遠望した。紫雲山の方から時どき迎撃のような火の玉が飛んでいた。後に知ったが航空監視哨というのがあり、そこからの迎撃のようであった。

県庁職員だった父は母たちの反対にもかかわらず責任感からか夜明け前、まだ燃えている市内に向かって自転車で家を出て行った。高松空襲はその火炎が生家からも間近に見え特に親子爆弾というのか焼夷弾が空中破裂するのか、また轟音も耳を劈く音であった。

高松空襲の前、何日前だったか北の空が真っ赤に燃え盛る火炎で彩られたことがあった。これは尾道空襲、姫路空襲、岡山空襲であった。ラジオの「情報」というアナウンスに続いて敵機、艦載機の情報が中部軍管区司令部発表で流れていた。何十機かの艦載機が室戸岬に向かって進攻中という放送がよく流されていた。

こうして八月十五日に天皇陛下の放送があり、わたしは家の前にあった大きな鶏舎を接収していた陸軍第百飛行団の通信隊の人たちが聞いていた玉音を聞いた。国民学校生徒では理解できない内容だったしよく聞き取れない内容だった。そこにいた内務省の役人が何かを取ってぶつけたようにいらだち休戦になったというような声が印象に残っている。

夏休み中であったがこの日の夕方、円座村に設置されていた部隊の兵隊が脱走したという話を聞いた。憲兵らが捜索中、川東避病院に隠れていて逮捕されたという話を聞いた。しばらくすると夕焼けに照らされた道を数人の兵隊が敗残兵のような兵隊を縄で縛って連行して来るのに出会った。「大和男子《やまとおのこ》と生まれなば散兵戦の花と散れ」と歌っていたのが昨日のように思い出す。

戦争が終わると戦地に行っていた先生らが復員、女先生の担任から交代があった。私たちの担任は内地に勤務していて復員して来た三野尚文先生でまず軍国主義的な記述のあった修身の教科書が廃棄になった。もちろん教育勅語ももう読まれなくなった。せっかく覚えてしまっていたのにどうしてかと思った。そこで集められた修身の本を「もういらんのじゃ」と足で踏んでしまい先生に体罰を食らった。

終戦という聞いたことのない言葉を休戦と思っていたが国民学校に来ていた兵隊が書類などを焼却するのを見て敗戦を実感した。重要種類らしきものと「戦陣倶楽部」という月刊雑誌も焼いているのを見て興味があった。

六年になって中学受験の課外が行われた。中学校はもちろん今から見ると旧制中学校だがその入試課外が中止になった。学制改革の可能性はもうあったのだろう。

このころわたしは一宮で発行されていた「四国学童新

聞」というのに作文を投稿したところ一等に入選してしまった。その新聞がいつ創刊され廃刊されたかも知らないがその時代からプリントメディアに対して興味を持ったらしい。

二十年七月の高松空襲のころからの新聞を保存しているのである。今も我が家にちゃんと残っており近代史の資料になっている。中学校は二十二年に出来た新学制に基づく中学に入った。国民学校高等科二年生になる生徒が中学校二年生になり三年生も高等科卒と旧制中学から転じた者もいた。

中学校の開校式と入学式は二十二年五月一日だったと思う。英語は自由学習の時間に進駐軍のダビンズというおじさんが講師になり教えてもらった。

戦時中は言うに及ばないが終戦後も修学旅行などという悠長なものはなかった。また戦後できた新制中学校は当初は下級中学と呼ばれていた、それはロワーセカンダリスクール。旧制中学校をアパーセカンダリスクールというのだといわれていた。

修学旅行については希望者が募られたが兄弟の多かった家庭のことを考えて親には言わず不参加にした。

中学に入ってから先生の誘いもあり何人かで阿波の剣山登山に行った。琴電仏生山駅から琴平駅に出て国鉄土讃線、徳島本線に乗り換え貞光駅下車、麓の寺で一泊、翌日登った。これ以来、登山のとりこになり、石鎚山、伯耆大山など多くの山に挑戦、富士山にも登った。

高校は学区制になり強制的に一宮の農業学校と女学校が高校に昇格した香川高校に入学となった。高松市内も高松高校と女子高校とが併合、高松一高は市立女学校が高校になった高松二高と合併、普通科は二校になり南北に分けて学区制を強いた。区外入学した者は連れ戻された同級生にも何人かの寄留組がいた。

学校ではクラブ活動として新聞部が出来、一年生のわたしも入部した。考えると終戦の年に新聞を保存し始め、そして新聞部に入り社会人になってからの終生の仕事がジャーナリストというのも不思議であるし、国民学校六年のときに自分の意思で新聞の作文募集に応募、新聞に載ったというのも面白い。

大学は大阪の関西大学に学んだが二十八年四月、トランクと洋傘という旧態で吹田に下宿、法律を学んだ。大学時代は新聞部に入っていない。

三十二年に、四国新聞社の入社試験に合格、記者として勤めることになる。入社して一週間の研修ののちにサツ回りとして県警本部の記者クラブに配属になり、先輩記者について自転車で朝駆け夜討ちをつづけた。この間、殺人事件やバス転落とか汚職事件とかに夜を徹してペン片手に走り回った。

新聞社生活四十二年、昭和三十二年から五十二年まで編集局にいて凶悪犯罪、知能犯罪の取材や瀬戸大橋や高速道路など近代化も取材してきたし、十一年間にわたって「讃岐人物風景」という連載もしたことがなつかしい。そして役員として東京支社や事業局、総務局などを担当、最後の仕事が「四国新聞百十年史」の執筆、編集だった。そして大学に招かれマスコミ学にもかかわっているのは天命だったのだろうか。

高松高校で長期勤務

畠山　武史

僕は大正十五年十月二十七日に出生したと戸籍簿に出ている。この年は大正の最後で十二月二十五日に身体の弱かった天皇が崩御され直ちに昭和と改元されている。僕は大正生まれだが二か月くらいで昭和になったわけで昭和元年生まれの人と同い歳で干支は丙寅。小学校の同級生は大正十五年の者と昭和元年、二年の早生まれの者というようにいろいろといた。僕の場合は生まれてわずかで昭和元年になっていたのだ。

大正というのは十二年九月十一日の関東大震災が有名であろうが米騒動とか讃岐では伏石事件など農民運動が盛んであったようだがもちろん子供の僕にとってはあとで聞いた話である。

僕は高松生まれで生家は浜ノ丁であったと聞いている。当時、一家は父の勤務の関係で和歌山に住んでいて僕を出産するために母は臨月になって高松の実家に帰郷、そこで僕がこの世に生を受けたのである。

生まれた年には琴電が滝宮から栗林まで開通している。国鉄予讃線も高松から松山まで開通しており、いわば新しい時代の幕開けとも言える時代だったわけだ。讃岐では小鳥の飼育が大流行でどこの家庭でも飼っていたというが投機に走ったりして一時のブームになってしまったようである。

父は和歌山師範学校の教師であったので一家は和歌山市に住んでいた。僕の上に姉が生まれていて僕の誕生で四人家族になったのだった。紀伊国は地球儀を見れば分かるが緯度的には讃岐よりはるかに南に位置している。県庁所在地の和歌山市は名古屋、水戸と並んで御三家の徳川さんのお城の美しい町で威厳があった。丘の上に城址があり、その近くに師範学校や中学校もあり当時の規定で師範学校の教師は文部辞令によって発令されるので何県のどこに赴任になるかわからない。それで父は和歌山師範学校の勤務になっていた。

もともと僕の実家は高松市の浜ノ丁辺りにあったが今の桜町に移ったのはのちのことである。桜町というのは大正十年に香川郡栗林村が東浜村とともに高松市に合併、美しい花の宮とか楠上町、桜町などという名称にしたと聞いている。

僕は生まれて少しして母に連れられて父の下に帰った

ようである。もうその時には先に書いたように姉がいたので若い両親は二人の幼児を抱えて忙しい毎日だっただろう。

幼時のことはほとんど記憶にない。物心がついたころは威厳のある城郭が印象に残っている。紀ノ川とか和歌の浦など城下町の近くは美しい風土であった。高松に帰郷の時は大阪まで阪和線で出てそこから山陽本線の汽車に乗ってゴットンゴットン、シュッシュポッポと帰ったことを思い出す。大阪へは南海電車も走っていて便利なところである。

和歌山駅の正面は城に向かっておりいかにも城下町という雰囲気があった。南海電車の駅は和歌山市駅と言いみんな市駅と呼んでいた。

和歌山市は紀ノ川と有田川に挟まれた地形である。紀の国屋文左衛門で名高いが蜜柑の産地でもある。この郊外に小学校の時には遠足で行ったものである。

また和歌の浦にも潮干狩りや海水浴で行ったりした。山部赤人の「和歌の浦潮満ち来れば潟を無み芦辺をさして田鶴鳴き渡る」という万葉の歌で知られているが紀伊水道に面していて高松のような瀬戸内と違う大きい波が打ち寄せていた。昭和六年に満州事変が起きていたが束の間の平和だった時代である。

小学校は父の勤務する和歌山師範学校の付属尋常小学校に昭和八年に入学した。十二年七月七日、五年生の時だったが支那事変が勃発、日本は泥沼の戦争の時代になっていった。支那事変は今日では日中戦争と言っているがこの大陸での戦争が長引き中学校二年生の時、今度は米英との戦争、当時の呼称は大東亜戦争といい、だんだんと長期戦になっていった。

真珠湾奇襲は大戦果としてまだ少なかったがラジオの臨時ニュースで放送されたものを何度か録音放送などで聞いている。それまでの毎月一日の興亜奉公日がこの大東亜戦争勃発の大詔（勅語）が出た日に合わせて毎月八日を大詔奉戴日という記念日になった。

ところでこの十三年に僕は六年生になっていた。翌年四月に中学校の入試になり県立和歌山中学校を志願、運よく合格して両親も喜んでくれた。しかし大陸での戦争は長引き、毎日のように街から多くの若者達が歓呼の声に送られて出征していった。日の丸と襷が今も脳裏に浮かぶ。

僕の十代は全く戦争ばかりで中学校にも配属将校が勤務、教練という軍隊と同じような厳しい訓練をさせられた。中学も三年の頃から黒色の詰め襟の学生服は国防色という軍人と同じような服装になり学生帽も戦闘帽になっていく。

和歌山中学校で勉強に励んでいたが、当時は武道が正課で柔、剣道が義務化されていて僕は剣道部にはいって研鑽した。四年生の時に父の転勤に伴い高松に帰郷、高松中学校に転校した。今の高松高校の前身である。この学校は後年、何の縁か僕が教員として勤務することになる。高松高校は普通には高中と呼んでいた。市内には市立の高松一中と呼んでいた高松第一中学校と高中の二校の中学校があった。

これ以外には県立の高松高等女学校、俗に県女というのと市女という市立高等女学校があった。また実業学校として工芸学校と商業学校があった。市内には乗合バスが走っていたがチンチン電車も走っていて四水と呼んでいた。四国水力発電会社の市内線のことであったようだ。栗林公園の北門のところから高松駅の方や瓦町駅の方に走っていた。八本松を通り今の市役所の西側を経て法泉寺の大きいお釈迦さんの銅像脇を走っていたことを思い出す。禿げ狸の伝説で知られる浄願寺は市役所の南側で今の中央公園の一帯であった。

僕が転校した高中は僕のころには今の工芸高校の敷地にあった。今では工芸高校の運動場の南東に記念碑が建っている。

ところで昭和初期は対外戦争もなく一応、平和であった。尋常小学校に入ったのは昭和八年であった。五・一五事件や上海事変もあったし、経済恐慌もあったがまあまあ平和だった。

この年にはドイツでヒットラーが政権を執り後年、日本はこのドイツとイタリアと三国同盟を結ぶことになる。こんなことは一年坊主では知るよしもないことである。記憶としては二年の時の皇太子殿下ご誕生であった。今の天皇陛下である。またその年に室戸台風が来襲、大阪や和歌山方面は四国と同様に大被害を出した。この台風の凄さは本当に凄いものであった。平成二十年にビルマ（今のミャンマー）を襲ったサイクロンくらい大きい台風だった。

高松中学校でももう大東亜戦争が始まる前後から軍事教練は正規の教科にはいっていた。当時太平洋戦争なんて言っていなかった。戦後、太平洋戦争という呼称になったもので歴史というものは事実と呼称は違うものということを知ったものである。

僕は和歌山中学校から編入試験に合格して郷里の高中に編入したのだが試験には数人いたのによく合格したものだと思った。

剣道部に入り竹胴を貰ったし稽古着は黒色だった。僕は黒い襦袢であった。そこで先輩の剣道部員に挑戦、思い切りやっつけて部員になったのである。部員にならないつもりだったが僕は和歌山時代から剣道になじんでいたし、ついつい上級生に「サボッテモイイ」と調子のいい言葉を浴びせられて剣道部にはいってしまった。

剣道の指導者は佐藤先生という七段か八段の人で全国に名を売っていた植田平太郎先生の時に来られた。僕は三段になっていたが高中では昇段に制限があったのでわからないが実際は四段くらいであり主将になった。

剣道は礼儀正しくないといけないし和歌山中では柔剣術を厳しくやらされていて必修だったからみんな礼節も培ったのだ。

武徳殿で厳しくやり和歌山時代、竹刀ではトップクラスになった。少年大会で優勝して京都で開かれた全国大会に行き、来賓の林銑十郎陸軍中将の前で竹刀を振った思い出もある。林中将は昭和十二年だったか総理大臣を務めた俗に〝越境将軍〟といわれた実力者であった。勅許を得ずに朝鮮との国境を越えて満州に軍を進めたのでこんな異名がついた人だ。

剣道といえばもうあの苦しい練習と同時に勝った時の喜びも大きい。もう一つ、中学時代の思い出は軍事教練である。戦争が嫌だとか好きだとかいうような時代ではなかった。

笹川といったかと思うが配属将校がおられ、よく太っておられたので僕たちは〝栗マン〟とかいうニックネームを付けて陰で話していた。〝栗マン〟に指揮され郷東川の畔まで行き実弾訓練もした。また土居の宮方面でも草原で三八銃を担ぎ訓練させられた。三八銃は明治三十八年に村田銃に代わって作られた陸軍の正式な小銃で戦争も末期になると高松中学にも九九式小銃が訓練に使われ出した。

九九式は皇紀二千五百九十九年つまり昭和十四年に導入されたものらしい。当時は小学校や青年学校にも武器庫があり兵器を格納していた。「一旦緩急あれば」という教育勅語にあるように生徒たちにも訓練していたのである。

また高中では行軍がよくあり陸軍歩兵十二連隊(丸亀)まで行き宿泊訓練もさせられた。兵隊と同じことを体験させられたのである。配属将校につれられての行軍である。当時僕らはまだ五年生になったばかりであったがこの十七年に南太平洋のブーゲンビル島で海軍の連合艦隊司令長官の山本五十六元帥が搭乗機を米航空機に襲撃され戦死するなどじわじわと敗色が出始めたころであったようだが僕らは神国日本は絶対に勝つと信じ込まされ、そういう教育を受けていたのである。

僕の昭和はこのように中学の卒業が十九年三月であり、この年頭に当たって東条首相は「今年は必勝の年である」と演説、幼い僕らはそう信じ込まされていたのである。

もちろん勉強の方もしっかりとやったが僕は理系で後に高校の教師になり化学を担当することになる。理系で剣道という組み合わせであったのだ。

高松に帰郷した時からわが家は桜町に住居を構えて歩いて五番丁の高中に通っていた。この高中を卒業して広島の高等師範学校に入学することになる。高等師範は専門学校（旧制）であり三年制で十九年四月に合格、広島に行く。広島は四国、中国の中で一番大きい町であり、ここで学び始め、二年目の二十年春、戦雲急迫して高等師範学校在席のまま久留米陸軍予備士官学校に入校することになる。

師範学校の勉強はひとまずおいて陸軍の将校を教育する学校に入れられたのである。今日の考えでどうのこうのといっても始まらない。久留米予備士官学校の近隣には陸軍の久留米師団があり九州の枢要な場所であった。

高等師範時代から制服は国防色という軍隊と同じようなカーキー色だし当時としては当たり前であった。

ここでいつ、実動部隊に入るかわからない生活を余儀なくされた。しかし久留米市内は軍都であったが空襲はなくグラマン機などが飛来して機銃掃射はあったものの戦没者はいなかった。

このころ情報は敵のスパイと間違われると困るので機密が守られ、防諜ということが厳しくいわれていた。

七月に入って広島に新型爆弾というのが落とされ、市内は全滅という噂が飛んだ。新型爆弾のことは新聞にも出ていたがそれが原子力による爆弾ということは日本人が知るのはまだあとである。しかし噂は早くはいってきてその三日後だったか長崎にも同じ爆弾が落とされて多くの市民が死没したと聞き、復讐についても噂が出て行った。

こんな中、八月十五日、天皇陛下が直接ご放送されることになり何かと思ったがそれが敗戦ということは信じられなかった。これを玉音といい聞き取りにくいお声で「耐え難きを耐え忍び難きを忍び」というのはわかったが無条件降伏とは信じられなかった。

上官から終戦という新語を聞かされ、ついに負けたかと理解するまで相当、時間がかかった。それでも学校はしばらく存続し、やがて復員ということになった。

久留米から汽車で博多経由、帰郷することになった。僕は伝家の宝刀ともいうべき日本刀を持っていたがそれを密かに布で包んで汽車の中での検査でも通過して家宝にしている。

下関などの駅では三国人らが復員軍人に対して脅迫したりして荷物を奪われたりした者もいたが幸か不幸か僕は軍刀を隠していて奪われなかった。

懐かしい高等師範学校も広島市内も完全に破壊されていて悔しい思いをした。もし高等師範にいたら校舎と共に八月六日が命日になっていただろう。当時、あの新型爆弾の被災地には七十年間は草木も生えないという噂が飛んでいた。

原子力というものだということはすぐにわかったらしく日本も研究していたともいわれた。化学が専門の僕にはその凄さはすぐにわかった。

高松に帰ってみると噂に聞いていたが全くの焼け野原、しかしわが家のある桜町一帯は被災していなかったし両親も姉もいて安堵したものである。最初、高松築港に着いた時、栗林公園まで見通せたのにはびっくりした。

三越のビルと徴兵ビル、千代田生命ビル、日銀ビル、丸亀町にあった百十四銀行本店くらいが残りあとは全部焼けていたのはびっくりしたものだ。

とにかく両親らに復員したことを告げて元気だということを知り一安心してくれた。帰宅した時はまだ市内に進駐軍は来ておらず少しバラックが建ち始めていた。少しの休養ののちに高等師範学校が郊外で授業再開となり復員軍人の僕も復学した。

高等師範学校は三年制で、二十三年に卒業、高松高女教諭に発令になった。この女学校は今の高松高校の建物がそれであり、戦争末期には四国海軍部という新設の海軍の四国管轄司令部がおかれていたと聞いた。中曽根元首相もここで軍務に服していたという。

終戦後、憲法が改正され、教育勅語も廃棄となり教育の基本は新たにできた教育基本法や学校教育法などのよりいわゆる六・三・三制が実施され、高松中学は高松高校になり高松高女は高松女子高校になった。新学制になった時にすでに入学していた者は高校の併設中学校という名で高校に通った。ややこしい時期で僕が赴任した翌年に高高は高女と統合して高松高校になった。

　この統合式は女子高校の屋上で行われた。男子はみなまだ国防色の服だし女学生もスカートもいたがモンペがかなりいた。戦争が終わって三年目だからまだ戦時色は各地にみられた。僕は統合後も高松高校に残り化学を教えた。戦後一時は柔道、剣道は進駐軍の意向もあったのか禁止されていたがスポーツとして復活、男子には剣道部ができた。戦前のように武道としてでなくスポーツとしての剣道で当初は竹刀競技のような形で復活していった。

　化学の教科だけでなく僕には校長から生徒指導をしてほしいといわれ礼儀礼節をも教え喫煙を見つけるとお灸を据えたもので今でもよくあの当時のことを言うと「畠山先生には生徒指導でしかられた」とよく聞かされる。

　こうして高松高校には四十四年まで二十一年間勤務、戦時中から団塊の世代までの生まれた者たちを教えたわけである。代議士になった者や県議、市議などの要職に就いた者もいる。もちろん会社の役員についた者もいてうれしい限りである。

　四十八年に高松南高校に転じて教頭職に就いた。ここで二年いて今度は津田高校教頭になった。初めて高松市外に勤務することになったのである。ここでは三年いて高松西高校に転じて校長という責任あるトップに就いた。

　そして五十六年に県教育委員会事務局に転じて教育次長という教育長に次ぐ重職を命じられた。ここでは一年半で正確に言うと、一年十ヶ月だが新設の高松北高校の校長に発令された。次長の時代に新設の準備をしていたのでありがたいことであった。

　ここでは都合、四年十ヶ月間務めて退職した。八栗五剣山の麓という立地条件もよくここからは寛政の改革で著名な柴野栗山が出ており学校の立地環境はすばらしくいいと思っている。そこで初代校長を務められたことはうれしい思い出である。

　この間に日本理化学協会中四国支部会長を務め、併せて日本高等学校理化学教育研究会会長も務めさせてもらった。化学が専門の僕としては我が意を得たりといったところで任務を全うできたと思っている。

　六十三年に中学時代からの朋友の佃範夫君からの勧め

もあり新設された高松短期大学児童教育学科の講師を引き受けたのである。学長の青木勇三先生は佃君のよき友人だったし同じく僕と同様に広島大学の同窓でもあり再び教壇に立ち張り切って講義したものである。

翌年に思いもかけずに高松短大と東幼稚園を運営する学校法人四国高松学園理事に任命され平成になってからだが教授を拝命、併せて法人理事長になることになった。このさなか大きいショックは親友の佃君の思いもかけない急逝であった。

思えば佃君との交友は半世紀以上にもわたったが僕も体力に自信がなくなり二十年に理事長を勇退させてもらった。幸い佃君の子息があとついで理事長をしてくれているので安心している。

消えゆく生き物たちを見つめて

山本　正幸

一、わたしの誕生日

わたしは、昭和七年（一九三二）二月十一日に誕生した。今は建国記念の日であるが、かつてはこの日を紀元節と呼んでいた。小学生時代、学校で紀元節の式典が終わると紅白の饅頭《まんじゅう》が配られたときもあり嬉しい日であった。母からは「あなたの生まれた日は寒い日でした。雪花が舞っていた」と、よく言われた。

平成二十年（二〇〇八）の七月、高松大学の文化講座で受講生と高松地方気象台を見学した。その機会に「気象友の会」に入会したところ、東京の事務局から『お誕生日の天気図』（図1）を送ってくれた。それを見ると香川県辺りは晴れの記号が記され、瀬戸内は寒気団に覆われていたので寒い日であったと推察できる。念のために、県立図書館に行き「香川新報（四国新聞の前身）」で翌十二日の記事を調べると、現在の新聞のような天気欄はないが、「盛り返した三豊の寒気」の見出しで、「阿讃国境連峰に珍しく皚皚《がいがい》たる雪景……」と書かれていた。やはり、わたしの誕生日は寒い日であったようだ。母の証言は正しかった。

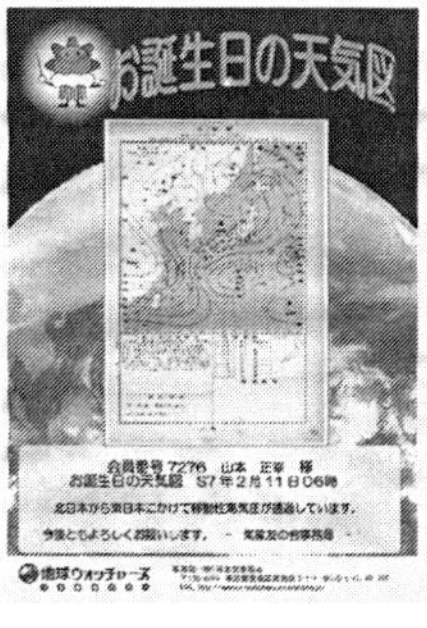

図1　わたしのお誕生日の天気図

最近は冬でも暖かい日が多い。同年輩が寄り合うと、昔の冬の朝は寒くて登校の途中に氷や霜柱を踏んだとか、南の讃岐山脈が白く見える日が多かったなどと話し合う。ちなみに、高松地方気象台が統計を始めた昭和十七年（一九四二）の高松の年平均気温は十四・五度であったが、平成十九年（二〇〇七）は十七・三度である。やはり地球は温暖化に向かっているのだろうか。

ところで、いま、わたしたちの周りに生息している生き物はここ数十年の間に大きく変わった。全く見えなくなったもの、激減したもの、逆に多くなったものなど様々であるが、全体的には生物相が貧弱になっている。

「希少野生動植物」という言葉が使われ始めたのは最近のことである。その原因が地球の温暖化によることもあろうが、人間生活による原因がほとんどである。この機会に、わたしの少年時代から現在までに見てきた動植物についての記録や記憶も含めて「昭和わたしの証言」を記したい。

二、溜池や川で遊び育ったわたしたち

　わたしの小学生時代で記憶が鮮明に残るのは、昭和十五年（一九四〇）十一月の「紀元二千六百年奉祝」である。高松市の石清尾八幡神社や学校で式典があったようだが確かな記憶はない。しかし、夜になり市内の目抜き通りで行われた提灯行列はよく覚えている。池田屋ビル（現在、高松市南新町）の前は物凄い人出で日の丸提灯や旗をふる人々、屋台ばやしなどが次々と通り過ぎるのを母や兄弟たちと見物した。このときに流れていた奉祝国民歌「金鵄《きんし》かがやく日本の　栄えある光身にうけて……」はいまでも歌える。

　そのこと以外は、溜池や川で遊んだ記憶ばかりである。学校から帰ると玄関に鞄を抛《ほう》り置き、直ぐに近所へ遊びに行った。そこでは異年齢の子たちが十人前後は集まっていた。年上のグループと遊んで良かったのは泳ぎを覚えたことである。数名が泳げないわたしを摑《つか》まえて五間堀（深さ約十メートル）に放り込んだ。それで体が浮くことを覚えた。また、その子らと幅百数十メートルもある溜池を泳ぎ渡って泳ぎに自信がついた。いま考えると、随分荒っぽいやり方だが面倒見のよい子どもたちの縦社会があった。

　同年齢や年下の子らとは、よく魚を捕って遊んだ。魚の捕り方は、幅が約一メートルの農業用水路を堰《せ》き止めてバケツで水を掻《か》い出す方法である。網がなかったのでそのようにしたが、魚は全部捕れる完璧な方法であった。お目当てはコイやギンブナであったが、ドンコ、ドジョウ、ウナギ、ナマズ、カワヨシノボリ、メダカ、タモロコ、モツゴ、アブラボテ（図2）なども難なく捕れた。ドジョウは水がなくなると、川底の泥に潜るという生態も知った。食べることができない小さい魚は川に戻した。現在、同じ用水路ではそれらの殆どが消えた。用水路が、土に代わりコンクリートの三面張りになっ

図2　現在では希少種のアブラボテ

たり、農薬や生活排水で汚染され続けられた歴史の結果であろう。現在、香川県が作成したレッドデータブックでは、それらのうちドジョウ、メダカ、アブラボテを希少野生生物に指定しているほど貴重な魚である。

　また、長さ十数センチくらいのウナギの幼魚がよく捕れたが、わたしたちはこれを「かんちょろ」と呼んでいた。それは、細くて小さいので見向きもしなかった。平成三年（一九九一）に東京大学海洋研究所の研究船白鳳丸がマリアナ諸島西の海域でウナギの産卵場所を突き止めた。その仔《し》魚が約三千キロの長旅をして日本に辿《たど》り着き川に入って上って来ている。もし、当時そんなことが分かっていたら「かんちょろ」をもう少し大切に扱っていたかも知れない。

　用水路のうち、幅の広い幹線水路や民家の縁を流れるところでは、側面が石垣で出来ていた。そのようなポイントを子どもたちは見逃さなかった。石垣の隙間にはドンコやモクズガニ（図３）などが潜んでいたからである。モクズガニは繁殖期になると海に下って産卵し、産まれた子ガニは親が棲《す》んでいた内陸の川に戻ってくる習性がある。最近、県内の平野部の川ではモクズガニがきわめて少なくなった。海から生息地までの間に堰が造られてその経路が分断されたり、石垣が隙間のないコンクリートに代わったのも一つの原因であろう。

図３　海まで下り産卵するモクズガニ

　昔、高松の平野部ではカエル類やヘビ類も多くいた。春になると、溜池の渕ではヒキガエルのおたまじゃくしが群れになり泳いでいた。畦道を歩くとトノサマガエル（図４）やツチガエルが勢いよく用水路や水田に飛び込んでいた。子どもたちは、道端に生えているカモジグサを抜き取り、その穂を扱《しご》いて輪にし、それでカエルを釣り上げて遊んでいた。なかにはカエルの肛門に麦藁《むぎわら》を差

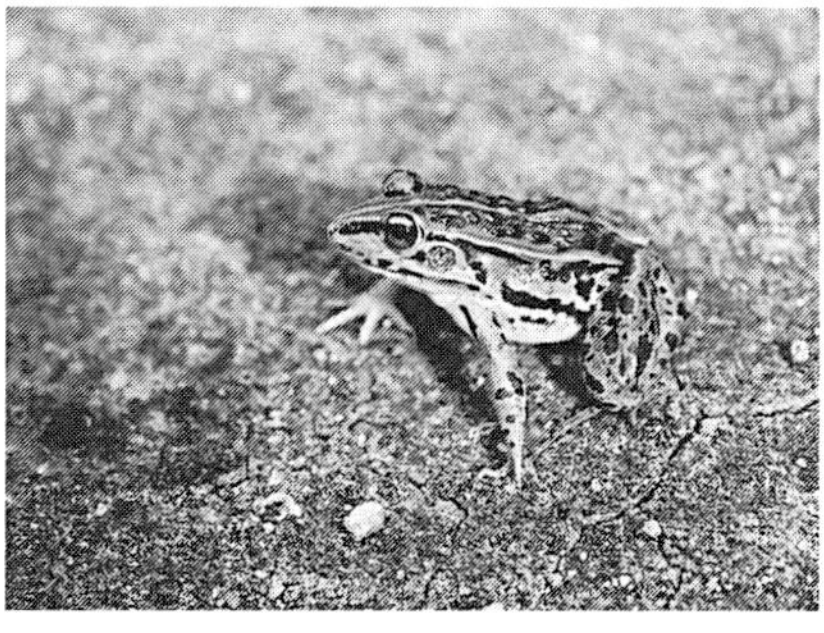
図４　めっきり減ったトノサマガエル

し込み、息を吹き込んで腹を膨らして喜んでいる者もいた。この時代に高松市の郊外にいたカエルは、ウシガエル、ヒキガエル、トノサマガエル、ダルマガエル、ツチガエル、ヌマガエル、アマガエルなどであったが、現在残っているのはヌマガエル、アマガエルくらいである。

カエルがいなくなると、それを食べるヘビもいなくなる。子どもの頃にいたアオダイショウ、シマヘビ、ヤマカガシ、ヒバカリ、マムシなどのうち、現在、たまに見かけるのはアオダイショウくらいである。アオダイショウが屋内に入りツバメの卵や雛を取ったりネズミを狙っていたことは昔の話になった。

その頃、用水路には小さいシジミ、黒くて大きなドブガイ、丸くて大きなタニシなどもいた。そのシジミの和名はマシジミというが現在は数少なくなり、代わりに大陸産のカネツケシジミというのが見られるようになった。ただ、そのシジミは捕ってきて食用にすることはなかった。現在、マーケットで売っているのは味の良い島根県産のヤマトシジミである。

ドブガイも用水路のほかに溜池に多くいたが食用にすることはなかった。ただ、業者は採集して佃煮の材料にしていたようであるが現在は数少なくなった。

タニシ類のうち食用にしていたのはマルタニシ（図5）である。その頃、高松市の石清尾八幡神社の秋祭りの露店で、煮て串刺しにし辛子《からし》醤油をつけて売っていたのはこのタニシである。これは実に旨《うま》い。マルタニシは用水路にもいたが多くは水田で繁殖していた。稲刈り作業のとき足で踏み潰すほど多くいたが、現在は特定の溜池にしか生息しない。

話は変わるが、戦中戦後にかけての子どもたちはニワトリやウサギを飼育していた。わたしもそうした。ニワトリは卵を産ませて家計を助けるため、ウサギは殖やして売って小遣い稼ぎをするためであった。それらが一晩の間にイタチに噛み殺されてしまうこともあった。イタチは高松の方言で「とまこ」と呼び、深夜には我が家の天井裏でも走り回っていた。哺乳類学者によると、現在イタチは数少なくなり、代わりに昭和二十四年頃

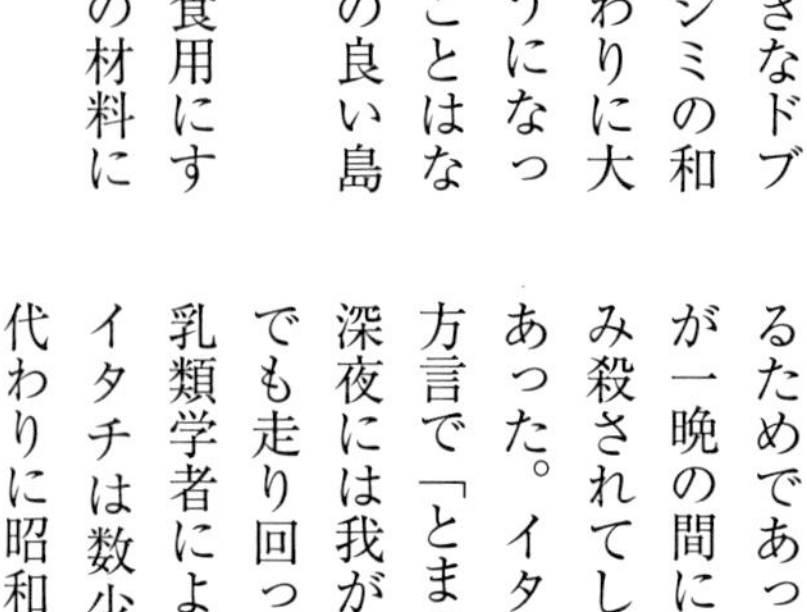

図5　食用になっていたマルタニシ

から大陸より侵入してきたチョウセンイタチが殖えているという。

三、終戦前後のわたし

太平洋戦争が終局に近づいた昭和十九年（一九四四）四月五日（水）、わたしは高松第一中学校に入学した。この頃のわたしは、身も心も一端《いっぱし》の愛国少年になっていた。当時の登校スタイルはカーキ色（国防色ともいう）の戦闘帽、脛から下は巻脚絆《まききゃはん》形式のゲートルを巻き、布製の編み上げ靴を履いていた。そして、布製の背嚢《はいのう》（軍隊用の大型ランドセル）を背負っていた。この日本陸軍歩兵を真似た服装は、当時の中等学校生徒の制服であり、戦時体制の世相にマッチして結構恰好が良かった。

学校では、漢文、英語、代数、幾何、物象などの学科もあったが、厳しかったのは教練《きょうれん》であった。教練は、大正十四年（一九二五）四月に公布された「陸軍現役将校配属令」によるもので、中等学校以上の学校に将校を配属して初歩的な軍事訓練を受けさせるということであった。教練が不合格になると進級や卒業ができないということから常に緊張していた。

ところが、入学後間もない四月三十日から林村に建設される陸軍飛行場（後に旧高松空港、現在のサンメッセ辺り）建設の勤労動員に従事するようになった。その内容はスコップで土砂を掘り手押し車で運搬するという肉体的に苛酷な労働であったが、愛国少年であるから耐えられた。この作業は翌年の二月までだけでも延べ五十二日に及んだ。

二年生になると勤労動員も多様になり、飛行場建設のほか、防空壕用の松材運搬、防空壕掘りなどの作業もした。そして、昭和二十年（一九四五）七月四日未明、米軍の長距離爆撃機Ｂ29による空襲で高松の市街地は焦土と化した。そのとき、燃え盛る巨大な炎で赤く反射したＢ29の機体から落とされる焼夷弾《しょういだん》が花火のように散りながら落ちる光景は恐ろしくいまも忘れない。幸いにも自宅や学校は戦災から免れた。

その後も何回か米軍のグラマン戦闘機が襲来した。七月二十二日、学校の校庭で作業をしていたときに突然グラマン戦闘機の編隊が襲来した。乗員の姿が見えるほど低空飛行からの機銃掃射であり、反射的に地面に身を伏せたが生きた心地がしなかった。

そして八月十五日の正午、林村飛行場で終戦の玉音《ぎょくおん》放送を謹聴した。雑音で聞き取れなかったが、直ぐ後で敗戦を知り心が空っぽになった。その瞬間から愛国少年の気力は消え伏せた。何故か、その後八月十七日から九月十四日まで城山《きやま》（坂出市）の山上で開墾作業に従事させられた。そして、九月十五日から学校での授業が回復した。その後、食糧不足などの社会不安のなか昭和二十二年（一九四七）四月の学制改革で高松第一高等学校二年に編入という形になった。

この頃のわたしと動物とのかかわりは殆どなかった。強いて言えば、我が家の食糧不足を支えるために、時折、弟と二人で春日川河口の干潟でアサリ捕りをする程度であった。しかし、そこは有料であり多くは捕れなかった。ところが、直ぐ近くに海苔養殖場があり、その海苔篊《ひび》の間にバカガイがいることを見付けた。バカガイは大きくアサリの二倍もあり、一回の潮干狩りでバケツに二杯は捕れた。現在、瀬戸内海ではバカガイの生息場所が減少しているからその思い出は懐かしい。

それ以外は草野球と映画館通いであった。いろいろな仲間とチームをつくり試合をした。硬くて厚い布を探し集めて手製のグローブも作った。相手チームに後輩の中西　太さん（元西鉄ライオンズ）がいたこともあった。彼は投球・打球ともに並外れて速くまさに怪童であった。その後、町の銭湯で彼と出会ったことがあったが、彼の腕がわたしの足の脛ほどの太さに見えたから驚いた。

小遣いを工面しては映画館へも通った。当時は邦画洋画ともに名画が多く封切られていた。昭和二十四年（一九四九）封切りの石坂洋次郎原作「青い山脈」は映画教室で観た。わたしは色気付いた高校生であったときでもあり、新しい時代の青春を謳歌した新鮮さに胸がわくわくした。

四、わたしなりの生物学への道

昭和二十五年（一九五〇）四月、十八歳のわたしは香川大学学芸学部に入学した。当初は野球部で準硬式野球に熱中した。また、当時流行の社交ダンスにも凝った。しかし、三回生になり、生物学専攻を決めたときから野球や遊びは一切止めた。子どもの頃に小動物たちと遊んだ記憶が芽生えたからであろう。当時、生物学教室のゼミナールでは外国の論文を輪読していた。その頃、池田屋ビル内に連合軍総司令部民間情報教育局がＣＩＥ図書館を開設し、英文図書や雑誌を置いていた。わたしは、「ＢＩＯＬＯＧＹ」という雑誌を借り、ホルモンに関する小論文を訳して発表した。それがきっかけで指導教官の矢崎幾蔵教授の指導のもとにネズミを材料にした卒業論文の研究が始まった。

それから二年間は盆も正月もなく研究室に通った。時折、そこで寝泊まりもした。実験材料のネズミを約二百匹飼育していたからである。そして、卒業前に「卵の着床についての研究一．哺乳との関係」というテーマで卒業論文が完成した。簡単に言えば、哺乳中には受精卵が胎盤に着床しないことを実験的に証明し、それをホルモンのはたらきから説明するというものだった。なんと、それを権威ある日本動物学会で発表する機会まで与えていただいたので大変感激した。

わたしは、昭和二十九年（一九五四）四月、小豆島の北浦中学校に初任給九千三百円で赴任した。二か月分の給料でやっと背広が一着買えた時代である。その頃、島では壺井　栄（一九〇〇―一九六七）原作の「二十四の瞳」のロケが行われていた。それが土庄町の映画館で封切られ、生徒たちと泣きながら鑑賞した。当時、小豆島の海はいまよりも美しく豊かであった。夏、学校の前の海面が急に盛り上がって動いているように見えた。それがカタクチイワシの群れであることを知った。夜になると、その海面に大きなスナメリ（イルカの一種）がブーブーと音を発しながら泳いでいた。冬には、定置網にカサゴ（俗にアカメバル）が大量に捕れ、業者はオート三輪車の荷台一杯に盛り上げて運んでいた。海水魚に興味をもったわたしは、毎朝漁船が港に帰るのを待って未知の魚を貰い受け、魚名の検索や液浸標本作りをした。近所の人からタコ捕りやナマコ捕り、また、砂浜で冬眠中のキュウセン（俗にベラ）突きなどに何回か誘われ、子どもたちと一緒に楽しんだ。そこには現在の瀬戸内海では考えられない豊かさがあった。

図６　希少種になったヤリタナゴ

昭和三十二年（一九五七）四月にわたしは高松市の一宮中学校に転勤した。学校の横を御坊川が流れている。当時は水量が多く清流であったので魚影も多く見えていた。早速、生徒たちと網で掬《すく》い水槽に入れて理科室に並べた。その魚はカワムツ、オイカワ、ヤリタナゴ（図６）

などであった。生徒たちは、まるで水族館のようだと言って眺めていた。現在、それらのうちヤリタナゴは激減している魚の一つになっている。話は更にさかのぼるが、正保三年（一六四六）八月、初代高松藩主松平頼重公は坂田（現在の高松市西ハゼ町）の御坊川でアユ千六百匹捕らえたという記録がある。この坂田は一宮中学校より約三キロ下流に位置する。それほど昔の御坊川は清流であった。

一宮中学校在職中にわたしは広島大学理学部に内地留学をした。当時、ここの両生類研究は世界のトップレベルで、川村智治郎教授の勧めでイモリ（図7）を材料に性分化の勉強をした。それがきっかけで、その後高松市南部の一宮・鶴尾地区でイモリの採集をしてみた。その結果、御坊川や各地の出水《でずい》に多く生息していることを知った。しかし、現在そこのイモリは山間部に追い詰められ消えてしまった。

図7　山間部に追い詰められたイモリ

昭和三十五年（一九六〇）わたしは香川大学学芸学部（現在、教育学部）附属高松中学校に転勤し、以降そこで十五年間勤めた。ここでは、一貫して観察実験を重視する授業をした。なかでもカエルの解剖は徹底して指導した。生徒一人一人はカエルを自分で採集し、解剖させていた。そのとき、集まったカエルはウシガエル、トノサマガエル、ダルマガエルなどであった。ところが、昭和四十三年（一九六八）頃から次第にカエルが集まりにくくなった。仕方なく淡水業者から帰化動物のウシガエルを購入して解剖させるようになった。現在、それらのうちトノサマガエルは平地から姿を消し、ダルマガエルは県内から姿を消していると専門家は指摘している。

カエルの姿が少なくなった頃、わたしは用水路に魚影が見えにくくなっていることに気付いていた。あるとき、香東川の堤防に立ってみると、野鳥が以前に比べて種類・個体数ともに少なくなっているように思えた。いつまで待っても昔からいた色鮮やかなカワセミ（図8）さえも現れなかった。自然保護という文字が新聞にちらほら現れ始めた時期である。わたしは、そのとき「よっしゃ、これからは鳥類の勉強をしよう」と決意した。

昭和四十六年（一九七一）になり、わたしは仲間と共に県内のカワセミの生息分布調査を始めた。暇さえあればその姿を求めて県内の河川や溜池などの水辺を歩いた。情報があれば何所へでも飛んで行った。その結果、カワセミは満濃池などの六地点のみで確認した。それらの地点は、いずれも山地にかかったところで、カワセミが平野部から追い詰められたラインであった。わたしたちは、それを「カワセミライン」と名付けた。その原因は、戦後から害虫防除のために使われた農薬により水辺が汚染されて餌になる小魚が減少したためであった。これは、香川県のみならず全国的な現象であった。

　この時期、非常に強い毒性と残留性による環境汚染が社会問題となり、昭和四十六年にパラチオン、TEPP、DDT、BHCなどの農薬が使用禁止になり、毒性の弱い農薬に切り換えられた。そのためだろうか昭和六十年（一九八五）頃までに魚が徐々に川に戻ってきた。そして、平野部にも魚を餌とするカワセミが見られるようになった。絶滅寸前のカワセミが香川県だけでなく全国的にも復活した。

図８　減少して復活したカワセミ

　カワセミの調査を始めた年の一月二十一日、野鳥に関心をもち自然保護意識の強い人たち四十名が、香東川（高松市）の河原に集まった。そこで「香川野鳥の会」が結成された。それ以来、毎月一回琴平山で探鳥会《たんちょうかい》（バードウォッチング）をした。春と秋には県内のシギ・チドリ類の調査などの活動も続けた。香川野鳥の会は昭和五十八年（一九八三）まで続いたが、わたしはそのお世話で、勤務のない日曜日などの休日はかえって多忙であった。

　昭和五十年（一九七五）四月、わたしは五色台の香川県自然科学館の勤務となった。そこでは主に県内中学生対象に自然科学教育を担当したり、県内の鳥類調査も行っていた。そのうち、昭和四十一年（一九六六）に香川県が指定した県民鳥ホトトギスの生態写真がないことに気付き、その撮影に取り掛かった。ホトトギスは姿を現し難い習性のために撮影は意外に難しかったが、翌年の昭和五十二年（一九七七）七月四日竜王山（塩江町）の山頂で撮影に成功した。それまではホトトギスの写真は発表されていなかったので、全国の新聞に特ダネ記事となり大変驚いた（図9）。

図9　県民鳥のホトトギス

わたしの五色台での勤務は六年間続いたが、自然に囲まれて様々な体験をして勉強になった。特に、この時期は松くい虫被害の最盛期に入っていたので次々にマツが枯死していくのを見る度に心が痛んだ。いま、県内でマツが茂る林はきわめて少なくなった。マツは日本に移入以来千数百年の間に日本の生態系の一員として、また、日本文化の一翼を担ってきた歴史がある。人間が手を貸してでも回復しなければならない。

五、おわりに

わたしは昭和五十六年（一九八一）四月から再び学校現場に戻った。高松市の玉藻中学校、一宮中学校そして古高松中学校へと転勤して昭和の時代が終わった。学校では終日子どもたちの教育に多忙をきわめた。しかし、その間も香川の自然環境の成り行きを忘れることは出来なかった。一日の生活時間のうち、学校現場で問題の少ない早朝から出勤前の時間帯であれば自然観察が出来ると思った。幸いにも鳥類調査は早朝ほど効率がよいので、朝暗いうちに出掛ける日が多くなった。この時間帯では自宅に近い各地で鳥類の生態調査をした。また、休日には長い時間が必要な瀬戸大橋架橋のモニタリング調査もできた。あるとき、学校に登校できない生徒を誘い鳥類の調査を手伝って貰うことがあった。その生徒は野鳥に興味をもつようになり、次の年には登校出来るようになった。後年、ある小学校の先生から自然観察の指導を依頼された。なんと、その先生がそのときの生徒であったから驚き感激した。自然には人の心を動かす大きな力があることを改めて思い知らされた。

「昭和わたしの証言」の本稿は、わたしの自分史ダイジェスト版のようになった。そして多くの生き物たちに登場して貰った。それらの生き物たちのうちには今も生存の危機に立たされているものが多い。また、わたしがお世話になり、本稿に登場していただいた多くの方々にも改めて深甚なる謝意を表する次第である。

空襲と空腹の学徒動員

大西　泰次

学徒動員への出発

坂出商業三年生の私達にも学徒動員令下る。出発は昭和十九年十月下旬頃（日時は思い出せない）だったと思う。坂出駅頭で、学校、父兄の見送りの中での壮行会があった。当時副級長の私は、全員に号令をかけ、何か決意を述べた記憶がある。

兵庫県の川西航空機製造（株）鳴尾工場へ向けての出発である。高松港より夜十時頃、貨物船の船倉の中、二段に床が張られた窮屈な船室である。眠れぬ夜を多勢の友達と、修学旅行に行っている様な気分で、はしゃぎながら翌早朝、神戸中突堤へ着いた。阪神電車で何もわからぬまま「武庫川駅」下車、第二十三工和寮へ入寮した。

御上の配慮からか、工場から一番距離の離れた寮であった。近くに同じ香川県から動員の「大川高等女学校（現在の津田高等学校）」の信和寮があり、窓ごしに朝夕は手を振り合った。毎朝六時廊下のスピーカーの声、かなり年輩の寮長の少し割れた音声が響く。「起床、起床、元気に起きましょう。……起床」二、三回反復アナウンス。火の気のない室内、寒い。今日もまたか。しぶしぶ起きて布団をあげ、各自一メートル四方の棚の所定の布団入れの中へ。洗面して各部屋毎に前面廊下に整列、担任の先生（母校より二名派遣）が巡回、室長をしていた私が「〇〇号室大西室長他五名、異常なし」毎朝の点呼から日課が始まる。素早く出発の準備、午前六時三十分頃には、寮の玄関表道路に横四列の縦隊に整列、出発時の寮長の一口訓示を受け出発、周囲は未だ暗くて寒い。工場まで約三十分位の道を、学徒動員の歌、声をはりあげ「国の大事に殉ずるは我等学徒の本分ぞ、ああ紅の血は燃ゆる…」歌い乍ら工場の門では守衛の前方約十メートル位は「歩調とれ」で入構、半地下方式の社員大食堂で朝食をとる。アルミのご飯入れと、アルミの薄いおかず入れ、竹の箸、ご飯は七分目位の量に、大豆が入っている。お汁は各自列に並んで、食堂係のお姉さんより風呂おけの様な大きなお汁入れから、ついでもらう。大根の葉が少し入っている。日が経ち周囲の環境にも少し慣れた頃になると、そのお姉さんの下にお汁をついでもらいに行った時に、深く頭を下げる。お姉さんニッコリ、つい手許がゆるみ、お汁を混ぜて具のよく入ったところを多い目についでくれる。

工場での配属

午前八時には各自それぞれの持ち場につき一日の仕事が始まる。私は部品発受係に友人と二名配属された。係長は二十四、五才位のインテリ青年だった。大阪市の自宅から通勤。「坂本さん」と呼んでいた。他に女子挺身隊できている若い女性二名、年輩工員の「大庭さん」。広い工場上屋の一角で、名古屋中島飛行機工場の製品のエンジン、プロペラ等木枠で送りつけられてきている梱包を解体、本体部分を傷つけない様、細心の注意をしながら台車に乗せて、それぞれの組み立て現場へ送るのが、私達の仕事である。鳴尾工場での従業員は、川西航空機製作所の社員、工員、養成工、海軍直属の軍需工場のため、海軍の兵隊、国民徴用令により強制きている年輩の人々、女子挺身隊、学徒動員の学生達。あたかも「合衆国」の様相である。左胸には各自の名札がついている。上下に二線でそれぞれの身分所属分野が記されている。

工場内の縦横の道路（巾員二十メートル位か）で、派遣されてきている海軍群団とよく会う。いつも駆け足、兵隊はや、水色の薄色の作業服、戦闘帽、どの兵隊（二等水兵）の体はやせていて、顔色は青白い。後から帽子に白線が入った下士官がついている。顔は生き生き、血色は桜色、白木の野球バットの様なこん棒を長いひもで「ゴロゴロ」威張って引っ張ってついている。墨痕鮮やかに「大日本精神渾入棒」と書かれている。童話に出てくる鬼が持っている鉄棒の様だ。この兵隊群団と会う度に私は思った。他の従業員の人達も皆同様に見えたと思う。引率下士官のこの棒は、働いている人達全員への「威嚇」であったと思う。悲惨なのは、何が理由かは分からないが、兵隊の一員が、よく道路脇の工場建物の壁に向かって両手をつかせ、お尻を出させて、下士官がこの棒で、力まかせになぐっている光景をしばしば見たことがあった。「ボーン」「ボーン」しまいには「ピシーピシー」と皮膚のさける音、鮮血がほとばしっている。その場で失神して倒れる兵もいた。

空襲と空腹の日々

夜の寮生活、昼の工場での作業、昼となく夜となく、空襲下の命からがらの連日であった。

鳴尾工場では海軍の戦闘機（ＮＩＫＩ　Ｊ）紫電、（Ｎ

ＩＫ２　Ｊ）紫電改を製作していた。製造工程は、門側から部品、組み立て、仕上げ塗装と従来は海軍飛行艇を製作していたので海岸側に向けて、流れ作業に進められる。出来上がった飛行機は一番奥の格納庫に納められていた。逐次後ろ向きにブルが牽引して、運び出し、両翼に一人ずつ私共の見張り役がついて、工場から出て隣接の住宅街を抜けて、すぐ横の今の甲子園球場まで運ぶ。外野スタンドの切れ目から中へ搬入集積されていた。夜間に海岸から運び出されていたものと思う。甲子園上空には、日本機が二、三機旋回警戒していた。敵グラマン機はスタンドが障壁となって低空での機銃掃射ができないのだ。私は何回かこの運び役に当たった事があった。街の電柱を注意し乍ら進むのだ。西の六甲山上空に、黒い点か、雲だろうか、否、鳥だろうか。それが一、二分位で急降下、見る見る内に頭上へ、エンジン音が聞こえるのと同時に敵グラマン機の機銃掃射が雨あられ「バリバリ」「ピューン」「ピューン」縦一列に弾が飛んでくる。瞬間直角に横とび、出来るだけ飛行機から離れて道路脇の側溝の中へ身をかくす。先輩から逃げ方の教訓だ。グラマンは数回旋回して反復攻撃してくる。低空でグラマンが頭上すれすれで、エンジンをしぼって旋回、頭上十メートルから二十メートル位だろうか操縦兵が席から乗り出す格好で飛行メガネごしに地上をにらんでいる。顔が良く見える。青い目。金歯の口元。風で飛行服の襟元の毛や、マフラーがとんでいるのが見えた。運んでいる飛行機どころではない。逃げるのが一番、命あってのものだねだ。そのたびに一緒に運搬の指揮をしている下士官から大目玉のお叱りをくらう。「貴様らは、飛行機と自分の命とどちらが大事なのか」逃げたお蔭で、こんな日の命があるのだ。

月月火水木金金「国民総動員時代」

我々動員学徒には、特別に日曜日が与えられていた。休日でも朝食は、工場へ出て食堂でとる。働かない日は朝食時のお皿に昼食と夕食用の黒いパン一ヶ（ドングリ粉が混入した）のみ。大事に雑のうにしまう。神戸元町方面か、大阪梅田界隈、足の向くまま。映画を観に何度か行った。暗い映画館の中で昼食のパンをたべるが空腹は満たされない。上映中映写が途中でプッンと切れる。館内アナウンスで只今「警戒警報発令」になりました。

寮の門限は午後九時だったと思う。どこへ行っていても帰りの時間を気にしながら。遅刻すると先生に叱られペナルティとして阪神電車「武庫川駅」の向こう岸の尼崎市側まで朝の新聞を買いに行く当番となる。寒くて早朝はつらい。私は遅刻した事が一度もなかった。

昭和二十年代に入り、神戸、大阪に空襲が盛んとなる。寮の各部屋、廊下の窓は爆風でガラスの破片防止のため、すべての窓は縦横に⊠模様に紙が貼られた。わが二十三工和寮にも各棟と棟との空間土地に砲身約十メートル位の高射砲が全体で約十基位か装備され砲手の部隊が約百人位?派遣されて来た。砲身がわれらの二階部屋の窓の高さより上で、斜めにのびている。配属の兵隊は、寮の一階の部屋に集結、空襲のない昼間は休養しているらしい。我々とは全く逆な時間だ、寮生活も段々慣れてくると、夜間の空襲警報のマイクの放送にも、外の防空壕への避難はせず布団の中で寝ていた。昼間の仕事で疲れ、ぐっすり寝入った時間帯の午前零時頃から東方大阪方面の空がやや明るくなる夜明け頃までＢ29が西方神戸方面から大阪方面へ波状で飛来する。この寮のある辺りが丁度通り筋となっているのか。高射砲が一斉に火を噴く。大きい耳をさく様な音。寮のガラスは「ビリビリ」真っ暗な夜空を見上げると、高射砲の火の帯をひいている弾道がさく裂。月明かりのある夜は敵機の飛んでいるのがよく見えた。時折命中して火の帯をひいて墜落しているのも見かけた。夜空が少し薄明るくなり大阪方面の山々が少し浮かびあがる頃になると、Ｂ29の群団は南の方向へ帰る。この様な爆撃状態が連日続いた。寮の消灯は午後十時、寮長のアナウンスの声、窓越しに真っ暗な外を眺めては今日は無事で終わった。今夜は空襲がどうだろうか。よく眠れます様に……祈っていた。私達もやがて成人し、兵隊となりいずこへ行くかわからない地で戦死するのか？　私はその時率直に頭の中でこう思った。毎夜西は六甲連山、東は生駒の山々の暗い夜空を眺めていたのを覚えている。

赤飯のおにぎりと食中毒

坂出の親元からお正月の白いお餅（あんこなし）とアズキ入りの赤飯のおにぎり二、三個、慰問袋が届いた。僅かな、ささやかなものだが母の子を想う愛情がこもっている。当時は貴重なもの。空腹をおぎなう郷土からの糧だ。そっと大事に持ち物のトランクにしまいこむ。何日かたって餅は、かたくなっている。毎晩一ヶずつ寮の風呂場の釜たき場（銭湯ぐらいの広さ）にそっと入り、風呂をたいているおじさんに一ヶ上げて、自分の一ヶと一緒に釜の下へ入れて焼いてもらう。こんがりとうまく焼けておいしい。うす暗い釜場が暖かく、おじさんと郷土の話をしながら、餅をかじった。一緒に入っていた赤飯のおむすびはすぐたべなければいけないのに大事《じ》にと思い何日が経って一ヶずつ雑のうにしのばせ、工場の仕事の合間に海岸ぶちの防空壕の中で喰べた。今考えればアズキが腐っていたと思われる。食中毒をおこした。しかし担任の先生にも云えず、工場の医務室は立派な医療設備が整っていたが、今更申し出る訳にもいかず我慢した。……何日か経ったが不思議にも薬一つ口にしなかったが、若さと精神も緊張していた故か、それとも今は亡き母の親心の一心の差し入れ故に自然に回復した。今でも自分乍ら驚いている。

鳴尾の冬は寒かった。このあたり一帯は空気が冷えこんで、毎朝朝もやがたちこめていた。西からの六甲おろしの風が身にしみる。加えて現在と違って、働いている人は皆、栄養失調ぎみか顔色は青白く、肥満している人は誰もいなかった。

寮の畳の上での授業

学校校舎で学ぶべき授業が、戦時下非常事態の運命か、毎晩寮の二階の畳敷きの大広間に全生徒が集まり、午後七時から九時頃まで時間割によって受けた。派遣当番二名の先生のそれぞれ専門の教科となる。昼の仕事の疲れで、うとうと、あちこちでこっくりしている。机もない畳の上に教科書ノート等ひろげての授業風景。付き添い教諭は、一週間位で交替派遣されて来ていた様に思う。厳格な先生、やさしい先生、いろいろ、生徒の居眠りも、今想うと先生は、大目にみて、疲れているんだろうとの親心からだったと思う。

母の怪我で郷里へ

昭和二十年五～六月頃だった。郷里の母より一通の手紙が届いた。町内の防空演習で高い処へ上がっていて、バケツで水をかけていたらしい。足を骨折したとの由、引率の先生より一時帰郷の許可が出た。早速ＪＲ大阪駅へ。切符売場は構内一杯の人で長蛇の列、駅員室に入って母からの手紙を見せた。並ばなくて切符を買う事が出来た。気持ちは早く帰りたいが、普通列車の「鈍行」山陽線の木製客車である。神戸、明石地域の工場地帯にさしかかった頃だったろうか。車掌が「進行方向に向かって左側、窓の南のヨロ井戸は、すべて閉めて下さい」との指示があり、乗客皆、これに従っておろした。空襲でこの一帯の臨海工場地帯の被災地を見せない為とすぐわかった。列車は西へ走り続けている。しばらくして山間部にさしかかる。上郡―三石間の長いトンネルの中へ逃げこむ様にして列車は止まった。車掌が廻って来て「只今空襲警報が発令されました。しばらく待避します」

戦後、役所の仕事で山陽新幹線の開通まで在来の山陽本線を何度も往復したが、そのたびに空襲警報でのトンネルへ逃げこんだ事が鮮明に思い出されたものだ。それから一週間位経って動員先の引率の先生より鳴尾工場が敵機の爆撃を受け被災している。復旧作業で大混乱しているので、別途指示あるまで、地元で学校指示の勤労奉仕に従事せよとの連絡を受けた。

地元での勤労奉仕

亀陽《きよう》航空（倉敷紡績の傘下工場が系列になったと聞く）の飛行機組み立て作業所が、当時の松山村小学校に設置されていた。木製の機体の一部の組み立て。練習機？当時赤トンボと云われていたものだろう。私には何の技術もないが組み立て作業の下手間に従事した。自宅からの距離約六キロメートル、毎日徒歩で通うのに約一時間位かかった。途中、高屋地区の集落にさしかかる道路脇に、地域の方の手作りと思われる案山子《かがし》が鉄棒に「チャーチル」と「ルーズベルト」の首頭がついていた。くるくる廻る様に取り付けられ、横に「すりこぎ棒」が三十センチ位のひもがついており、道行く人がこの人形の頭を、二つ三つ叩いて行く。横にペンキで標語が書かれている。

「葬れ米英　我等の敵だ‼」

高松空襲

昭和二十年七月四日未明、空襲警報のサイレンで、自宅で（母と姉は、田舎へ疎開）一人眠っていた私は、とび起きた。坂出上空をB29の群団が西方から東方面へ飛来、次々と波状になって来襲、月空に黒い機体が見える。高松の上空と思われる夜空が花火大会の時の様にパーッと染まったのを覚えている。二、三日経ってから地元消防団員が、高松市の焼け跡整理に行った時の事を耳にした。栗林公園の北庭の松林の間に六十～七十センチ位後部を出して焼夷弾が無数に地面に突きささっていたと…爆撃の凄まじさが窺えた。

玉音放送　戦争終わる

松山小学校で作業していた、むし暑い日だった。真空管のついた函型ラジオの放送から「本日は重要な放送がありますす」とアナウンス。何時頃だったか覚えていないが、天皇陛下の、あの「玉音放送」がラジオから流れ聴いた。遂に戦争は終わったのだ……。

八月十六日~十七日頃だったと思うが、フロート付の海軍練習機が坂出の上空を低空で飛来、何回も旋回しながら、ビラが捲かれた「我等は終戦には応じない。最後の一人まで断固戦う」との檄文が記されていた。私は自宅の庭で揃って読んだ。後程聞いた話だが当時の詫間海軍航空隊の隊員ではないか?との噂話。

我々全家庭は何年間もの間、燈火管制下にあり室内の電灯にはカバーが取り付けられ、明かりは外へもれない様注意していた。この日を境に自由になった。各部屋には当時一灯しかない電灯だが明るくともされる様になり夕食時には特に目が醒めた様になった。その時の模様や生活環境は、到底筆舌には表せない。人の命や財産も、あらゆる人の運命も戦争はさらってしまう。断じて二度とおこしてはいけない。おこさせてはいけない。私の只一人の兄も昭和二十年四月、二十四歳の若さでビルマ国コヒマの激戦で散華した。私はいつも平和の尊さを心の底から祈っているものである。

六十年のタイムスリップ

八年前の平成十二年は、私が古稀を迎えた節目の年である。学徒動員が終焉となった終戦から数えて五十五年目（二〇〇〇年）である。急にあの当時を思い出して、かの地へ無性に行ってみたくなった。家内を誘って当時を語り乍ら赴いた。ＪＲ新神戸駅下車、地下鉄、阪神電車三宮駅から乗り継いで二十分「武庫川駅」下車、川幅百数十メートル位の橋上駅の長いプラットホーム。当時のままである。すぐ横の人道の歩道橋（巾一メートル五十位）を歩いた。武庫川西土堤沿い二つ目の坂道を降りる。この地帯一帯は、かつての工場の寮が一杯あった処だ。変貌している町並みを通り抜け工場があった処へ行ってみた。当時の面影は全くなく六階建てのマンションが林立し、ここで一万五千人程の人が住んでいると聞かされ、二度驚いた。阪神電車の「工場前駅」は「武庫川団地」と駅名も変わり新装なっていた。当時の記憶の残っていた川巾十メートル位の石橋のたもとの家の前で、私と同年輩位の女性が立っていたので何思う事なく話しかけてみた。すると、その方が戦時中の当時を語ってくれた。「私が娘の頃、この橋を冬の寒い夜明け前の暗い時、たくさんの工員、学生さんが軍歌を歌い通っていましたよ……」。私の記憶と偶然にも一致し、しばし会話がはずんだ。「その時の学生の一人が僕ですよ……」何とも云えない懐かしく、六十年前を回想した一時であった。

平成十七年四月、奇しくも孫娘が兵庫医科大学医学科に進学し、その入学式に臨むことになった。式典が進み、種々歓迎レセプションが大学講堂兼体育館で催され、そのめでたい席に着いたが、その時の私の脳裏には、この縁しの地は、前述した私の学徒動員で命からがらだった想い出深い地である。懐かしくもあり、また暗い戦時下の空襲を体験した地でもある。想い出が重なり合った感慨無量の一時を過ごした。

永い様に思えた日々だったが、振り返ってみると、また短い期間であった学徒動員は――

昼は、グラマンの機銃掃射。夜はＢ29の爆撃の恐怖で、おちおち眠れず、喰べものもなく、ひもじい、空襲と空腹の連日であった。

あとがき

こん日の平和な日本に感謝し、このほど西岡幹夫先生はじめ諸先生のおすすめを戴くなかで、戦時下の小生の思い出を記す機会を与えられました事に衷心より厚くお礼申し上げます。

戦時下の暮らし

新名　重夫

一　出生から大東亜戦争終結迄

私は昭和六年三月七日に香川県香川郡鷺田村大字坂田字山浦で生を受けた。鷺田村は昭和十五年に高松市に合併されている。

父は造園業の兼業農家の兄弟七人の末っ子で五男だった。近所は殆ど農家であった。

小作農が多く農家の生活は質素な生活であった。そんな中では比較的恵まれていて本家は士族出身で馬止と言う屋号であり江戸時代、松平藩主が鷹《タカ》狩の時に馬を止めていたらしく子供のころは姓を言わずに馬止の新家の子と呼ばれていた。幼少時の記憶にあるのは長男巽《タツミ》兄が満州事変に出征した際に高松築港前で見送りに来られた近所親戚の方々と共に写している写真と、もう一枚の写真は長女（姉）花江の嫁ぎ先、現在高松市上之町で写している二枚くらいである。

昭和十三年当時入学したのは鷺田尋常高等小学校で

新名　巽　　出発記念　　昭和11年2月26日

あった。担任の山本先生は女で涙もろく一、二年の受け持ちが終わると泣いての別れであった一年四組であるが農家の生徒が大半であった。非農家の子供とは服装などは少々差が付いていた。

そして三年生になり担任の先生は男性の下津先生で出身は男木島であった。三年生になると勉強する内容も一、二年生とは変わっていて科目も増えていて教育勅語も学び、組では一番に暗記して先生にほめられ嬉しかった。四年生になって担任は白石先生という女性で優しかった。組に新名と言う姓が二人いてどの先生にも私は姓を呼ばずに重夫と呼ばれていた。

その年に高松近郊の四ヶ村が高松市に合併され校名も鶴尾尋常高等小学校となった。

そして五年生の担任は男性の国崎先生で進学勉強もあり、非常にきびしい教育を受け先生は常に直径二センチ位の竹を持って態度の悪い生徒は叩かれていた。他の組よりは進学率は良かったが私はいろいろ事情もあり中学校へは行かなかった。そして高等科に進んだ。十六年に起きた大東亜戦争は次第に激しさを増し全校生徒が月二回氏神の鶴尾神社への必勝祈願をした。続いていて学校へも将校が一人配属され軍事教育が徹底され校長以上の権限を持っていた。学徒動員により中学生も次々に勉強の時間は少なくなり女学生も勤労動員され戦争一色になって行った。

木田郡林村に飛行場がつくられた。敵機に空爆をされるようになり青い竹を骨にして飛行機の形を作り藁ごもを巻き見せかけの飛行機を作り並べて敵機の誤爆の的にしたものでこの作業にも何日か勤労奉仕に行った。

そのうち二十年初夏、米軍は沖縄に上陸し、本土への空爆は大都市から次々と焼かれ、二十年七月三日未明、高松市も旧市内は焼き尽くされた。栗林からは高松城の樹木などが見え、高松警察署、徴兵ビル、三越、池田屋ビルなどが外壁が焦がされて残ったがその他は焦土と化した。

八月十五日の戦争終結の玉音放送はラジオで聞き、一瞬不安と敗戦国日本の将来はどうなるか不安であった。

二　戦時中からの食糧難

昭和十五、六年ごろから日常生活に使う物資は日増に少なく配給制になって行った。近所の友達と数人が豆腐、揚げなど配給切符を持って竹のかごを風呂敷で包んで買って帰っていた。学校では秋の稲の刈り取りの終わった田圃へ落穂拾いに行き講堂へ落穂を盛り上げそれを籾《もみ》摺《すり》して玄米十数俵（一俵六十キロ）も集めていた。当時は農家でも米麦半々の麦飯であった。農家であった為に腹は十分であったが非農家の人は大変であった。ある日、組の一人が年末に作る味噌の麹をポケットに入れて来ると数人の生徒が手を出していた。食パンも配給されていたがドングリが入った色黒いパンであった。栗林公園の北門あたりに植えていた椎のドングリの実やハスの種も採りに行っていた。

そして二十年七月三日の高松市街の空襲、そして終戦となり戦地からは次々と軍人が復員、食糧難は一層深刻になっていった。畑の果物も盗まれることが多かった。季節の果物の収穫期は八百屋や小間物屋は毎日行列が出来ていた。主食は配給制度が続いていて食糧増産のため山林が開墾され果物、サツマ芋などが栽培され、その芋ヅル味噌汁に入れて食べるという時期もあった。農家はそんな中でも恵まれていたが現在とは比較にならない質素さであった。新小麦が出来ると母は近所の主婦たちと小麦約十五キロを背負って山を越え本津川沿いの製粉所へ小麦粉と交換して帰り家で手打ちうどんを打って家族中がおいしく食べた思い出がある。田植えが終わるころは、半夏生の時季でもあり田植えで疲れた体を癒やす休日でもあった。

食糧難も次第に解決して行き、果物、野菜の行列買いもなくなっていったが主食の米はいぜん統制下にあり昭和三十年五月十一日の紫雲丸事故時にもヤミ米を宇野迄運ぶ人も乗っていたという。ヤミ市場が盛んな時で高松駅前や琴電瓦町駅もにぎわっていた。このころから食糧不足は次第になくなりゆるやかではあるが贅沢な時代から飽食時代となり成人病など当時は考えられない世代へと変わっていった。

三　結婚からいざなぎ景気

終戦を迎え本土決戦を覚悟していた一億国民は不安な日々が送っていた。出征軍人また従軍看護婦たちも次々帰国して来た。大半の家庭では家族も増え食事も質素ではあるが賑やかな毎日になった。

わが家でも海軍志願兵で出征していた兄（三男）が復員して来た。兄の乗っていた軍艦が敵の魚雷攻撃を受け沈没、一夜も泳いでいて味方の軍艦に助けられたことを聞き戦争の厳しさを改めて感じた。

戦死の誤報もあり死んだはずの人が帰って来た例もあ

り帰りを待っても帰らぬ人もあり待ちわびる母が岸壁に毎日立ち「岸壁の母」という流行歌ともなったりした。家庭によっては結婚して出征し子供も残して戦死したり、未亡人が弟と再婚する家庭もあちこちであった。

一夜で焦土と化した高松市内は戦争が終わりバラックから徐々に復興、焼け跡に立つ家がぽつぽつと増えて来る。終戦の年は私は高松第一中学校夜間部一年生だった。学校の講堂は戦時中は日本陸軍の鉄道整備隊が押収していた。わたしは昼間はサツマ芋を作る畑を開墾して夜、学校に通っていた。その翌年父が造園業を始めていてその仕事を少し手伝っていた。そのうち父の知り合いの棟梁に大工職の道へと現在の職業の基礎となる修業の道に入った。戦後高松市内の建築は柱の足元を土に埋め込む掘っ立て小屋で尾根は杉皮ぶきか杉板をうすく割って重ねて打つ屋根であった。建つ家の周りは焼けた赤色の瓦が盛り上げられていた。その当時は建築資材も少なく釘は焼けた柔らかい釘が使われていた。新しい釘は配給制で少なく大切に使っていた。道具類も少なかった。全てが手作業で現在使われている電動工具などはなく通勤用の自転車も中古で空気の入っていないノーパンという自転車であった。材料を運ぶ車もリヤカーや三輪車また荷車であった。二十五、六年ごろには闇市もまだ残っていて露天商も潤う時代であった。市内常磐街では常磐座、南座が映画館としてにぎわっていた。建築資材が豊富に使えるようになり建築の質も良くなりセメント瓦、粘土瓦で尾根を葺く家も多くなっていった。小学校、中学校など公共建築の大型建物もまだ木造で建てられていた。私もその頃は転々と新築現場を友達の紹介などで渡り歩いていた。

修業期間中に朝鮮動乱によって一、二年間景気が後退し仕事は少なくなった時期もあったがその後、住宅金融公庫が設立され住宅建設が徐々に増えていった。建築の質も向上するなか基準もきびしくなり建築制度が出来、私も仕事をしながら勉強し二級建築士を受験し資格を取得した。

そして間もなく三十年本家から農地を二十アール譲り受け住まいを建て現在の妻と結婚、独立した。その住まいは約七十平方《メートル》位の平家建てで住める程度の荒壁で天井はなく小屋裏が見える現在の住宅とは比べられないほど粗末そのものでもあったかい小屋材に使った松の丸太は本家の山から切り出し柱など角材のみを購入して作った。

翌年長女が生まれ、その二年後、長男が生まれ家族は四人になりその前後から仕事も続くようになった。

それでも自分の家は内装のない新築時そのままで生活をしていた。長女が小学校へ入学し担任の先生が来るようになって内装もして小住宅ではあるが人が来ても恥ずかしくなくなった。

その前、町内三十戸余りの中で一番に電話を引き町内の人も多く利用していた。

近所の農家は農協が母体の有線放送であった。その有線放送高松中央局の局舎の工事を受注し公共工事の受注に至った。その当時は現場で働く職人は月二回第一、第三日曜日が休日という状態であった。当時はまだ埋め立て地は馬車で土を運んでダンプカー、トラックは少なかった。

公庫資金の住宅があちこちで目立つと共に住宅地の値上がりはひどくなっていった。特に琴電琴平線の栗林、三条、太田駅辺りは一番値上がりし都市化していった。注文住宅の工事は次々受注があり、忙しいうれしい日々であった。

食糧事務所の職員の住宅を続けて五、六戸受注したりもした。当時は土壁を塗り尾根はスレート瓦がほとんどで日本瓦をふく家はまだ少なかった。

通勤用も自転車から二輪車に乗る人も多くなっていた時代である。大阪万博も開催され国内景気は年を追って良くなり好景気到来を予感するようになった。昭和三十年すぎの神武景気に次ぐ〝いざなぎ〟景気の真っさい中であった。

一場の夢

森　實

一　父のこと

私は、昭和七年に父後藤博、母滋子の三男として高松市西浜町（現在の扇町）で生まれた。ここは借家であったので、数年後に近くの昭和町に家を建てて移った。三男二女の末っ子であった。父の出身は岐阜であり、私以外の子供はすべて岐阜で生まれた。何故、父が高松へ来たかが、私にとっては一つのなぞであった。

父は、生まれ故郷である岐阜で小学校の教師をしていたが、思い立って家族を残したまま単身で、東京にある盲人教育の専門教育養成機関（現在のつくば大学）の教育を受けた。その最初の職場が、高松にある盲学校であった。

高松は、父にとっては、知人も、友人も、親類も一人もいないところであった。また、昭和のはじめ頃は、まだ交通も非常に不便であり、東京や岐阜から見れば、四国は遠く離れた辺境の地と思われたに違いない。

父は、岐阜に戻ろうとはしなかった。また、兵庫県に移る話があっても断っていた。父が、ふるさとを捨てたという表現は、少しきついかも知れないが、岐阜から離れたいという気持ちがあったのではないかと思われる。

しかし、ふるさとへの関心を失ってしまっていたのではない。むしろ逆であった。その証拠に、古い巻物になっていた家の系図を大事にし、よく取り出して見ていたりしていた。系図はどこまで信用できるものか分からないが、清和源氏の流れに属し、織田信長の家系を先祖としていた。

また代々村の庄屋をしていることを示す文書も大切に保存していた。

これらのことは、先祖や生まれ故郷への愛着を示すものであろう。それでも岐阜からは離れたいというのは何故であろうか。それには一つの事情が手がかりになると思う。

祖父は、小学校の校長をしていた。多勢の人々の世話をよくしていたが、保証人になったために全財産を失った。真偽の程は分からないが、人の話では、門から母屋まで百メートルもあったそうである。

つまり、没落した姿を人に見られたくなかったということが、岐阜を離れて高松に来た原因になったと考えられる。まったくの推理であるが、私たち家族は、その結果として大きな影響を受けることになった。

父は、昭和五年に高松に来てから他に移ることはなかった。父にとっては

「ふるさとは遠くにありて思うもの
そして悲しく思うもの」（室生犀星）

の気持ちであったのであろう。

父は、盲学校の教頭、寄宿舎監長、校長及び視覚障害者福祉センター館長を務め、盲人の教育、世話、交流などで生涯を過ごし、香川の「盲人の父」と慕われ、尊敬された。その功により、昭和四十二年に勲四等瑞宝章を授与された。また、戦時中に東京の出版社から『光を探究するもの』（大日本百科全書刊行会、昭和十八年）を出版していたから、勉強家でもあったのであろう。

しかし、当時まだ小学生であった私には、父の価値が分からず、むしろ父に対する不平、不満が大きかった。

一つには、父の盲人の教育という仕事が、心ない級友のからかいやいじめの原因になったからである。かれらには障害者という社会的弱者に対する理解がなかったのである。

二つには、父の仕事のために、家族の生活が大きく影響されたことである。盲学校の生徒、卒業生、父兄、先生などが、毎日のように家に来ていたので、飲食ばかりでなく宿泊の面倒までみなければならなかった。母の苦労も大変であったが、子供たちも落ち着かなかった。

しかも、父の態度にも不満であった。父は、家では、むっつりして不機嫌そうな顔しか見せない。ところが、生徒や卒業生が来るとニコニコする。子供よりも彼らが可愛いのかという反抗心が生じた。

二　虚弱児童とやさしいおばあさん

小学校では毎年四月ごろになると身体検査が行われた。私はそれが嫌であった。裸になって貧弱な体を見せなければならなかった。

戦時中のことであるので在郷軍人の人が立ち合っていた。私の体を見て「こんな体では二十才までは、とても生きていられないだろうな」と言った。その無神経さに腹が立つとともに、そう言われる自分が悲しくなり、虚無的な気持ちになった。

結果は、通信簿に毎回「栄養注意」と書かれた。自分

では自分を虚弱児童として意識していなかったが、公的に認定されたわけである。

その効果として肝油と卵が特別に支給された。クラスでは、私ともう一人の小柄ないかにもひ弱そうな生徒の二人であった。そのことは、また、からかわれる原因になった。

私がひどくやせていたのは、戦時中の非常な食糧不足のせいでもある。食べ物を分けてもらうことのできる親類は一軒もなかった。田舎に親類のある人との格差は明確であった。

当然のことであるが、庭は自給のための畑となった。サツマイモやカボチャをはじめ、いろんな野菜が作られた。サイモやカボチャの茎までが、ゆでて食卓に登場した。また、鶏やウサギを飼い、その肉まで食べた。よく母が料理できたものだと感心した。しかし、私は、ウサギの可愛らしい顔を思い浮かべると食欲を失った。とにかく食べられるものは何でも食べて空腹をおさえなければならなかった。

お米も、満腹できる程配給されなかった。母は、お米を煎って焼いてからご飯にたくことによって量を増やす工夫をした。食べざかりの多勢の子供をかかえた母親の苦労は大変であった。

ある日、通学の途中の道端でおばあさんに呼び止められた。まったく知らない人で、何かと思って立ち止まった。おばあさんは、いきなり風呂敷包みを開いて中から弁当箱を取り出した。弁当箱には、おにぎりが四つ入っていた。おにぎりは、白く輝いていた。当時は麦入りのご飯しか食べたことがなかった。その二つを紙に包んで「これをお食べなさい」と渡してくれた。

思いがけないことにびっくりして、ただ「有り難う」という言葉しか出なかった。じっと道端に立ったまま、急ぎ足で人ごみの中に消えていくおばあさんの背中を見つめていた。

おにぎりを感激しながら食べた。そのおいしかったこと、また、添えてくれたたくあんもおいしく、涙が出た。おばあさんは、私があまりにもやせていて、栄養失調のように見えたので、かわいそうに思い、自分の弁当を分けてくれたのであろう。道端で偶然出会った人の情けであった。

三　九死に一生をえた空襲

高松市の空襲は、昭和二十年の終戦の少し前の七月四日であった。空襲警報のサイレンが鳴ると、父は、生徒の世話のために近くの盲学校へ行き、家には母と二人の姉と中学生の私という女子供しか残っていなかった。

わが家にも、一応は手づくりの防空壕があった。庭の角に穴を掘って、その上に木の板を渡し、土をかぶせただけの簡単なものであった。空襲の終わった後で見ると、防空壕の上には焼い弾が列になって突き刺さっていた。木の屋根は簡単に折れて、防空壕は土で埋まっていた。中にいれば直撃を受けて死んでいたかもしれない。みんな外にいたので助かった。

私たちは、最初はみんな中に入っていた。しかし、焼い弾のざあーっという雨の降るような音がやかましく、また周囲が火の海で赤くなってきたので、防空壕の中にじっとしておれなかった。

他の家族は、家の中で爆撃に対して消火のために待機していた。私は、家の外で爆撃機B29の様子を見守っていた。

明けかかる空は燃え上がる火の海に赤く染まり、焼けている建物から立ち上る黒い煙の間を縫ってB29が飛んでいた。B29は、操縦士が見えるほどの低空飛行で、高松市の市街地のすべてを焼き尽くそうと焼い弾を投下していた。

ふと気がつくと、焼い弾の筒とそこからとび出た黒い油脂の火の玉が頭上に迫っていた。

あわてて家の近くの軒下の壁にへばりついた。一瞬の間もなく、軒を突き破って壁を傷つけながら体すれすれに落下した焼い弾の筒が足元にころがっていた。

何とか直撃は免れた。しかし、次の瞬間に体中が火だるまになっていた。焼い弾の黒いねばねばした油脂が全身にかかり、それに火がついていた。びっくりしたものの、その熱さを感じる余裕はなかった。

反射的に二、三メートル先にあった井戸に飛び込んだ。まったく、咄嗟の反応である。どうしたらよいかを考えていれば、その間に丸焼けになってしまったに違いない。

井戸は、鉄分を含んでいたので、飲料用には使っておらず、せいぜい西瓜を冷やすぐらいであった。ポンプもつけず、板を上にのせふたの代わりにしていたので、中へとび込むことは簡単であった。

井戸が近くにあって幸いであった。家の中とか、遠くにあれば、そこへ行く前に焼け死んでしまう。また、ポンプがついていたり、きちんとしたふたであれば、咄嗟に中へ飛び込めなかったであろう。

体の火を消し、何とか井戸をよじ上って、外に出て消火活動をした。誰も私のこんなことには気がつかず、また私も消火が終わるまで誰にも言わなかった。

焼い弾は、大きなものに多くの角形の筒の焼い弾が入っていて、それが空中でばらばらになって落下する仕掛けになっていた。そのために私の家でも、いろいろなところに落ちていた。

たとえば、居間にいた母の目の前に落下したものは、屋根を突き破り、畳を突き抜け、その下の板を折っていた。また、応接間にも屋根を突き破り、ソファーの上にころがっていた。さらに、二階の部屋にも窓から飛び込んでいた。もちろん、庭には至るところに焼い弾が突き刺さって列を作っていた。

隣は、前も後ろも横もみな焼けた。わが家は、女子供の懸命な消火活動で焼け残った。頼るべき親類がまったくない高松では、ここを守らなければならないという母の決意がそうさせたのであった。

終戦後、進駐軍が高松に来た折に、自分たちの宿舎として、焼け残った住宅で、少し洋風のましなものを接収した。私の家の近所でも、すぐ前のある銀行の次長の社宅で焼け残っていたのが接収された。その後では、レコード音楽の大きい音が屋外まで響いてきたり、兵士がにぎやかに騒いでいる声が聞こえてきた。

私の家にも、進駐軍の兵士が、ジープを乗りつけて見にきた。そして応接屋の屋根の焼い弾の穴を見ると早々に引き揚げていった。ざまあ見ろという気持ちであった。

焼い弾の直撃を免れ、丸焼けになるのを井戸のおかげで助かったが、大きな火傷をした。全身火だるまになったものの、全身が焼ける前に井戸にとびこんだので、全身の火傷ではなくて、露出していた部分の火傷になった。

壁に向かってぴったりへばりついていたので、顔の方は助かった。主として首、手、足、腰などの部分が火傷した。とくに、両足のひざの裏側が、皮ふが薄かったためか、ひどい火傷になった。半ズボンでゲートルを巻いていたが、ゆるんでひざの部分が出ていたのである。そこにねばねばした油脂がくっつき、燃えたのである。

火傷の跡は、色は年々薄くなっているが、今もはっきり分かるように残っている。当初は、毒々しいほどの赤い色の肉が盛り上がりケロイド状になっていた。当時は、抗生物質などの入ったよい薬がなかったので、化のうしたためである。

火傷は、仲々治らず、その間、歩くこともできず、はったり、いざったりしていた。絶望的な気持ちであった。

四　激動の中学高校時代と同人雑誌

中学、高校は、終戦直後であり、また新しい教育制度が導入された激動の時代であり、通常は起きない臨時異常なことを数多く経験した。

まず、敗戦である。小学校や国民学校では、日本は神国であり、たとえ負けそうになっても、神風が吹いてくれて絶対に負けることはないと教え込まれていた。空襲のさなかでも、焼け野原を見ている時でも、まだその思いが残っていた。だから敗戦は大きなショックであった。

次に、価値観が一八〇度転換した。それまでは軍国主義であり、全体主義であった。敗戦でアメリカの占領下におかれ、アメリカ流の民主主義や自由主義が導入された。それまでの皇民教育が否定され、先生たちは自信を失った。生徒たちは、怒り、先生を信用しなくなった。

このような折、校長が生徒になぐられたといううわさが流れた。これはこのような混乱の状況を反映するものであった。

やがて校庭にも、進駐軍の兵士が見られるようになった。背の高い兵士が廊下を通りながら授業を見ているのが教室の窓から見えた。

休み時間には、物珍しそうにこわごわ兵士に近づき、遠巻きにして見ている生徒が多くなった。チョコレートやキャンディをもらう者もいた。兵士のなかには、ふざけてコンドームを風船のようにふくらませて見せる者もいた。

学校には、終戦とともに、さまざまな人びとが入ってきた。先生や生徒の大部分は、空襲で焼け出された人びとであった。戦場から復員してきた人びとや外地から引き揚げてきた人びともいた。

復員してきた先生たちは、国防色（カーキ色）の兵隊服で教壇に立つ人が多かった。そのなかに、何時も授業時間に遅れる先生がいた。私は、彼から毎時間授業の前に呼びに来るように頼まれた。生徒は、彼に「南洋ボケ」という名を進呈した。非常にいい授業をしてくれた先生であるが、戦地で疲れきって戻ってきたのであった。

また、予科練帰りの生徒もいた。時々、われわれの教室へ来て、「お前らたるんどるぞ。気合いを入れろ。」とどなり散らした。敗戦のもっていきどころのない怒りをわれわれにぶつけたのであろう。われわれは、ただびっくりして、目を見張っていただけだった。

占領軍の政策に沿った新しい教育のために、教科書も、すべて新しいものに切り替えられることになった。しかし、授業に間に合わなかったので、生徒に手書きで書き写させたものもあった。私は、英語の教科書を書き写したことを覚えている。今であれば、コピー機があって簡単であろう。

それよりも大きな問題は、六・三・三制の新教育制度が導入され、その過渡期にわれわれが出合い、異常な体験をしたことである。

まず、従来の旧制の中学校が新制高校になり、臨時に新制中学校が併設され、われわれはそこに所属することになった。そのために同一校舎に六年間在学することになった。

しかも、中学二年から高校二年まで、クラス替えが行われなかったために、四年間同一クラスのままであった。このことはクラスに大きな影響を与え、クラスの結束を強める効果があった。そのため卒業後の同窓会も、このクラス単位を基礎にしている。

さらに、大きな出来事は、この強力な結束が触媒となって、このクラスを基礎にして同人雑誌を出すことができたことであった。

手元にある同人雑誌『あゆみ』では、高校二年の四月に創刊し、その年の十二月には七号を出している。まるで月刊とも思われるような頻度である。しかも、七号では、それまでの謄写印刷から活版印刷になっている。先生や他のクラスの人の助けもあったであろうが、それにしても非常に精力的な活動であった。

私も、この同人雑誌に参加した。あそび事のようなものであったが、下手なりに書くことになれ、また活字になることにもおそれがなくなった。これは後に、私が研究者として論文や著書を書くことに役立った。

五　就職難で学者に

大学は、旧高松経専が新制大学になったばかりの香川大学に入った。家から一、二分の近くにあったことが、最大の要因であった。他は一切受験しなかったので、一流大学の受験に必死であった級友には、変わった奴と思われた。虚弱な体で食糧不足の都会へ出る勇気もなく、また、母から家の経済の状況を聞かされていたこともあった。

しかし、高校の漢文の先生から聞かされていた「鶏口となるも牛後となるなかれ」の言葉も頭にあった。そのせいでもないが、亡くなられた香川大学の初代学長の神原甚造先生の大学葬で学生総代として弔辞を読んだ。

できたばかりの大学は、まったく自由であり、平凡な学生としてのんびり過ごした。また、身近に活動家がいて迷惑をしたこともあり、逆にノンポリになった。

しかし、卒業は、ちょうど朝鮮動乱が終結し、それまでの特需景気の反動として、非常な不況の時であった。多くの会社は、工場を閉鎖し、失業者が町にあふれ、就職は大変困難であった。

私は、またしても虚弱な体格がたたり、学科試験は通っても身体検査で落とされる目に遭い、早々に就職試験を受ける気がなくなった。

そんなある日、校庭をぶらついていると、向こうからやってくる級友が、何か紙片をもっているので、見せてもらうと神戸大学の大学院の募集要項であった。

それまで大学院へいくことは全然考えていなかったし、またその受験のための勉強もしていなかった。ふと面白半分に受けてみると合格した。

少し人生を考える期間にしようと大学院に進むことにした。こんないいかげんな考えで入ったので、大学院の勉強は非常に厳しく感じられた。あらためて大学での不勉強を後悔することになった。

ところが事情が急変した。入学早々に、母校から修士課程を終えたら戻ってこいという話がきた。在学時代の成績がよかったのが幸いしたのであった。ゆっくり考える時間もなく、研究者に方向転換しなければならなくなった。

大学院の指導教授は非常に厳しい人で、私より前の弟子は、全員研究者になるのをあきらめて去っていった。

教授の指導方針は、できるだけ多くの論文を書かせ、それを徹底的に批判することであった。論文をもっていくと、最初の部分も駄目、終わりの部分も駄目、もちろんまん中の部分も駄目という具合に、とれるところは全くないと批判して、弟子を絶望的にしてしまった。

しかし、私は、母校に戻ることが決まっているので、研究者になることをあきらめるわけにはいかなかった。がまんして勉強して、教授のゼミから学界に進んだ第一号となった。

できるだけ多くの論文を書かせるという指導方針も私に合っていた。高校時代の同人雑誌で書くことに何となく慣れていたからであった。

どんどん論文を書いて雑誌に載せ、それをまとめて著書にするのが、その後の私の研究生活になり、それが幸運を招いた。

　最初の著書である『近代監査の理論と制度』（中央経済社、昭和四十二年）は、日本会計研究学会の「学会賞」（昭和四十二年）に選ばれ、学界で知られる存在になった。

　次に、出版社から学位を目的とした著書を書くようにすすめられ、二冊目の著書『会計士監査論』（白桃書房、昭和四十五年）で神戸大学から経営学博士（昭和四十六年）の学位を与えられた。

　上記二冊は公認会計士の業務、制度などに関する研究であったので、三冊目の著書『現代監査の構造と発展』（中央経済社、昭和四十九年）に対して日本公認会計士協会から「学術賞」（昭和四十九年）が与えられた。

　これらのことが影響して、まだ若かったにもかかわらず公認会計士の試験委員を任命された。このような出版に有利な状況があるうちに著書を出しておこうと四冊目の著書『監査論研究』（白桃書房、昭和五十一年）を出版した。これに対して日本経済新聞社から「日経・経済図書文化賞」（昭和五十一年）が与えられた。この賞は、私の専門分野では与えられることが割合少ない高度のものであったので、まったくの幸運であった。


　このような研究の成果が認められ、昭和六十年に神戸大学に移った。同時に香川大学から名誉教授の称号が与えられた。しかし、よいことばかりは続かなかった。神戸に移って間もなく、テレビ記者をしていた長男が取材中に事故死した。そのショックで、私はメニエルになり、耳が聞こえなくなった。

　長男への追悼の気持ちで書いた五冊目の著書『現代監査論』（白桃書房、平成元年）に対しては、日本経営協会から「経営科学文献賞」（平成二年）を与えられた。

　書くことを生きがいとして書き続け、六冊目の著著『リスク指向監査論』（税務経理協会、平成四年）および七冊目の著書『分析的手続監査』（中央経済社、平成六年）を出版し、後者については日本公認会計士協会から二度目の「学術賞」（平成八年）を与えられた。

　なお、神戸大学を定年退官し、名誉教授の称号を与えられた平成七年は、大きな被害、そして多数の犠牲者の出た阪神大震災のあった年であった。神戸市の灘区にあった私のマンションは、地震に耐え、そして火災は免れたものの、電気、ガス、水道のライフ・ラインのすべてが止まり住めなくなった。周囲に広がる焼け野原は、高松の空襲を思い出させた。

平成十年に、地元の高松大学に移って書いた八冊目の著書『内部統制の基本問題』（白桃書房、平成十二年）が私の最後の著書となった。

それは、同書の「あとがき」にも書いたように、もう十年近く前のことであるが、家内がスペイン旅行中の事故で体が不自由になったので、家内の世話に専念すると宣言したからである。そして、平成十四年に高松大学を退職した。

家内の世話をしながら、どうしてこんなことになってしまったのだろうと思うと、どこまでも暗い気持ちに落ち込んでしまう。しかし、逆に、毎日二人が一緒に過ごすことができるのは、むしろ幸福なことではないかと思いなおすと、明るい気持ちになることができる。

なお、介護の毎日は、単調でボケそうになるので、頭の体操のために、パズルを解いたり、川柳を作ったりしている。川柳も、始めてみると、なかなか難しいことが分かった。

名作も一場の夢覚めて没

昭和　私の証言

太田　正臣

幼時から虚弱体質だった。

母（故人）の話ではクルップ性肺炎になり生死をさまよったそうだ。

黒い酸素ボンベが玄関にあった記憶がある。

母は、かかりつけ医から「二十歳まで生きられたら、よいだろう」と言われたそうだ。

小学生時代は、村の医院へしばしば通ったので、看護婦さんとは仲良しだった。

中学生になってからは、毎朝ゲートル（西洋式巻き脚絆）を巻いて、片道十キロの通学は、中古自転車をこいでの通学だった。

五年間、自転車で通学して皆勤賞を貰った。

一年浪人して広島高等師範学校に入学。

原子爆弾が落ちた時は二年生で、米をとりに帰宅していたので助かった。

そのあと中途退学してしまった。

昭和二十三年一月に、新制中学で助教諭をして、昭和二十五年中途入学していた師範学校を卒業。

教諭として採用された。

在職中に結核に罹り休職。

入院して肺葉切除を勧められた。

徳島大学医学部附属病院で、昭和三十年六月右上葉切除手術を受け一年半で復職した。

その後は、定年まで休まず勤務できた。

聨合演習

昭和わたしの証言

陶　昇

私は明治四十二年生まれ。昭和九年医科大学卒。同年徴兵検査で甲種合格にて昭和の動乱を逃れる事不可能な宿命の本年白寿の男で有ります。

第一回赤紙召集は昭和十三年七月から一年半北支中支の兵站病院勤務で大連、済南、青島、南京、武昌、漢口とマラリア、コレラ、赤痢、戦傷患者の治療に励みました。漢口の我が飛行場には二百機が待機して、毎夕暮れ二十機程が重慶爆撃に出動して二時間程で全機帰還していました。

漢口滞在中、連隊の軍旗祭に駐留部隊の軟式野球大会が有り、私は兵站病院の遊撃手で守り、三重殺を行い生涯一度の事で喜びました。

亦、支那軍の謀略でコレラ患者八十名を収容治療の処、京都連隊の名投手沢村君が入院して来て井戸水を飲もうとしているのを発見中止させて、高松出身の水原、三原のことを尋ねると強打者で緊張すると答えて呉れました。沢村も三度目の召集で戦死されたとの記録が有ります。

中国で兵站病院勤務を経験し中国の広大、揚子江の悠久の流れに感嘆一入で有りました。

第二回赤紙召集は善通寺編成楯五十五師団第二野戦病院要員で、（昭和十六年十月一日）十一月二十三日徳島連隊第三大隊楯工兵隊中隊と我が野戦病院主力が詫間港を輸送船で出港して十二月八日払暁、台風の豪雨を押して泰国軍の守るマレー半島の中位チュンポンに敵前上陸し、列車でバンコックに行き市内を見学す。更に北上してピサヌロークに着き、この地からは牛車と車輌で敵機の掃射を躲れ乍ら食料、衛生材料を積み泰緬国境を踏破しマルタバン湾を望むモールメンに到着し、この地で二月十一日のシンガポール陥落のニュースを聞く。

マンダレ街道を北進し一ヶ所の野戦病院、五ヶ所の診療所を開きマンダレに到着す。象に乗せられ来院せし患者に聞くと小船に乗った様に揺られ樹木に打たれたそうで有ると。

マンダレの対北岸サガインより空襲を逃れ、夜間列車二夜でビルマルート閉鎖目的でビルマ最北端ヒマラヤ山系の水流のミィートキナに徳島連隊、山砲一門、第二野戦病院で移り駐屯す。

この地ではアノフェレスミヌスと云う蚊帳の網目を通し

て吸血する蚊に依り脳症を起こし、三ヶ月間に六十余名の戦没者を出す。彼等の血液を鏡検すると赤血球の二パーセントがマラリア原虫に占拠されていることを知った。

そして前線の兵隊の言では、ビルマルート閉鎖の目的は英軍重輸送機が重慶に向かって一日二往復していて破砕されたと。

昭和十七年九月に入り命令に寄り他師団と交代し、薪を焚いて夜間列車二夜でマンダレに着く。翌日車輌でマンダレを出発し三時間でペグーに到着す。空襲も無く、近くに有名な二十五メートルの大きい釈迦寝像が有り各人お詣りす。

昭和十八年の正月は餅搗を行い、日本酒に物資豊かな土地で故国の正月を偲んだ。

昭和十八年二月私は診療所要員三十名と車輌で北進二時間してイラワジ河を渡り、夜間に敵機飛来、地上の虎の出没に注意してアラカン山脈を越えてベンガル湾の要所に着き、衛生部の到着を司令官に歓ばれる。小診療所開設の処、爆撃され私の壕内に焼夷弾が落ちたが一同と共に無事であった。

追及の本隊と共に飛行場の有るアキヤブ島に銀行、教会、倉庫に病院を開設す。敵機の誤爆に寄り畳半分大の「ひらめ」、引き擦る程の大きさの「すゞき」が採れて一同を喜ばした。

然るに昭和十八年十月頃午前中、敵機四十八機が四機ずつ十二回に亘り二時間爆撃して来た。建物が立派で平地の攻撃で有ったので我々は壊滅から免れた。然し敵の上陸近しと判断しマユ半島に移り、友軍の「インパール」作戦の援助に苦戦の状態を見る。山奥に野戦病院を開き、十名余の破傷風患者が出て治療薬の血清が一名分しかなく他は全滅で有った。日本機は見る事もないが、敵機の低空偵察が好く有り、夜間の米飯で二合位で、猿の目玉汁、梅干し位で多数の患者を収容、後送す。

マユ半島は川向こうが「バングラディッシュ」で爆撃は激甚で有った。この地方では私は御遺骸は平地に埋葬することにしていた。御遺骸は自個票と四銭（死線）を越えて御家族が附着せし穴の空いた五銭銅貨を腹に巻いて居られた。

戦後昭和五十三年厚生省派遣遺骨収集団が寄り、周辺で採掘した百六十余の死骸をあの懐かしい原野で厳かに慰霊祭と焼骨の儀が施行されて、御遺骨は千鳥ヶ淵墓苑の地下に奉納されて有ります。

私はマユ半島よりアラカン山脈を越え東走し、二年二ヶ月振りにペグに到着し、連合軍がマンダレ街道南下を聞き楯軍は阻止の命令を受け、私達牛車で北上すると二十車輪の印度軍に会うも発見されず難を逃れる。そして五月の雨期に入り、シッタン川で友軍が五百余の犠牲を出す。私達は早期に民船を用いた。

脳症熱帯マラリア、特効薬エメチンの無いアメーバ赤痢、戦傷患者等抱擁介護しながら四十日で東方へ脱出す。そして映画「戦場にかける橋」の主題歌「クワイナ河マーチ」のクワイナ駅に辿り着き、終戦の八月十五日を知る。そして泰緬国境鉄道敷設に重労働に服した連合軍捕虜達の開放の歓びの喚声を聞き、程なく彼等四十名余が清々した表情で我々の前を徒歩行進、故国に向かった姿が印象深く劇的で有った。クワイナ河には一匹の鰐が泳いで居た。

我々は鉄道でバンコックを経て、カンボヂアのプノンペンに到着す。こゝで英国旗を机上に敷き、其の前に立っている英国将校に各自前進軍刀を捧げ納め武装解除を終え、捕虜生活に入る。こゝでペニシリンの発見を初めて知る。

プノンペン二ヶ月滞在してメコン河を下り、南ベトナムサイゴンの海岸別荘地で使役なき患者も少ない生活で有った。

病院の裏山に小さい廟が有った。この廟に南方軍総司令官寺内閣下が好く参詣されて居て、新師団長に「兵は何をしているか」のお尋ねに「兵は農耕を営んでいます」と答えると、涙を流されたそうです。この大戦に兵隊を消耗品扱いにして戦わした各将軍の責任は真に重大である。

この居留地に七ヶ月居て命令に依り白米三升以上、白砂糖三十グラム、もやし豆三十グラムと衣服類若干を持参し、昭和二十一年五月八日サイゴン沖を元貨物船の復員船米山丸に部隊員五十余名乗船し、五月二十日鹿児島に着き六年振りに祖国の土を踏む。夜は入浴し部隊員最後の宿営をす。翌日長年の戦場生活にさよならして、各人三百円と駅弁の切符を貰い、鹿児島線に乗り懐かしの故郷へと出発す。途中、原爆の広島市の焼け野原を車窓より眺め、悲惨さに胸が詰まる思いがした。日本陸軍の将軍連の頑冥さに腹が立った。

我が家に帰宅すると、村内のビルマでの戦死者の二人の未亡人が訪ねて来られ、ビルマ戦線の様子を聞かれたが、説明は縮み勝ちで有った。

最後に、昭和の動乱を斯く耐えて百歳の高齢者と長命させて頂き、余計感謝の念が湧出する。

昭和わたしの証言

相谷　勝一

我が生い立ち

昭和六年四月、塩江町岩部橋の辺で生を受けたのが、満州事変の起こる五か月前であった。我が家の奥座敷に仏壇があり、その部屋の鴨居には曾祖父勝次夫婦、祖父富吉夫婦、父善一夫婦の写真が掛けてある。祖父母には五人の子供は皆女ばかりで男は生まれず、父母にも女五人で私一人が男だったので非常に喜んでくれたようです。祖父は山を愛し山が好きで、太陽と水（雨）さえあれば木が自然に育つので、山林の不動産を持てば生活には困らないと口癖に言っていたことを想い出す。又果物が大好きで季節毎の旬の果物、桃、枇杷、梨、林檎、西瓜、柿等をよく食べさせてくれた。その上、刀剣を集める趣味があり、気の早い性格で、私が出征する時に持たせてやらねばと次々新しい刀を買っており、その新しい刀の試し切りに竹藪に連れていかれ竹を斬るところを見せられる事がしばしばでした。父は神佛を崇拝し、毎朝八幡宮の氏神に詣でて無病息災を願うと共に足腰を鍛えていた。〝時は金なり〟をよく口にしており、時間を守る事には特に厳しい躾を受けた。会合の時には必ず自分が率先して先に行き待機する程でした。一番有難かった事は百姓の仕事の手ほどきを受けたことです。田植え、夏の雑草抜き、肥料の遣り方等自ら手本を示しながら教えてくれた事です。そして一粒の米でも粗末にしてはいけないと百姓さんに感謝しなさいと諭してくれた事です。次に山に植林の手伝いに連れていかれ、その木の成長を確かめるのと共にその木に巻きつく蔓を伐ってやる事を教えられた。その他、炭焼竈をよく見廻りに同行したものです。旅行が好きで、よく松茸狩りや小豆島の寒霞渓へ紅葉狩りに連れて行かれ、楽しかった事を思い出します。父の青年時代に皇居の清掃活動に選ばれて行った事を自慢していた。父には自分が医者になりたいという夢があったのではないかと思われることがあり、私が父の意志を継いで何とかその目的を果たすことが出来たようで嬉しく思っているところである。

九死に一生の高松空襲

昭和十九年四月高松中学に入学したが学業はおろか、

観光道路に飛行場作り、更に林の飛行場（旧　高松空港）の建設の為にかり出された。中学二年の昭和二十年六月に坂出の讃岐富士のふもとに飛行場の建設に動員され、坂元小学校の講堂を宿舎として土運びの手伝いをしていた。六月二十八日、岡山空襲の対岸の火災を眺めて、やっと六月三十日高松に帰り、三日間久し振りに学校で学業に復帰出来たと思っていた矢先の七月四日早朝、敵機襲来の空襲警報のサイレンで起こされ、先ず教科書を鞄に入れ防空壕に這い入り、そこに避難したものの焼夷弾が紫雲山から屋島の方向に雨の如くうなり音を立てて降り出した。下宿のおばさんが大きな声で〝逃げよう〟と叫んだので、姉と二人で防空壕から出て三人で防空頭巾を被り、南の方角に走り出したが、約二百メートル逃げたところで行く手が火の海となって何処へも逃げ場がなく、熱風が迫り窒息しそうになり絶体絶命の窮地に陥っていた。丁度その時幸運にも実務学校の校庭の一隅に井戸を見つけ、無我夢中で水を求めて飛び込んだ。三人がやっと這い入れる広さの井戸で、その継ぎ目につかまって命拾いをした。どの位時間が経ったのかB29の敵機が去った様子と人の気配が聞こえたので〝助けて〟と大声で叫ぶと、オーイ井戸の中に人が生きとるぜといって釣竿で吊りあげてもらって、九死に一生を得てホッとした。下半身ずぶ濡れで、下宿のおばさんの知り合いの家まで行き炊き出しのおにぎりをもらって、そこから約二十キロメートルもある塩江まで姉と二人で夢遊病者のようにとぼとぼと歩いて昼ごろにやっと我が家にたどり着いた。母は二人が無事であったので嬉し泣き、父は二人の安否を心配して、長姉を迎えに出してくれていた。少し落ち着いてから父は遠い所自転車で帰ればよかったのにとも言い、そこで自転車を焼いてしまったことに気付いたのである。しかしあの空襲の真っ最中に下宿の玄関まで行き、自転車をとりにゆく余裕はなかった。後に聞いた話では西の方向の栗林公園の池とか、北の方向の中新町のロータリー防火用水の中には水を求めて多数の死体が浮いていたとか。幸にも南の方向に逃げたからこそ生死の岐路というか、奇蹟とも思われる三人しか這い入れぬ井戸があって水が這い入っており、若し後から次々と飛び込んで来なかったとか、更に焼夷弾の直撃を受けなかったこと等幸運としかいえない出来事であった。後日、その焼け跡に行ってみると家は全焼し自転車の残骸が飴のように曲がっており、防空壕に入れた鞄の中の教科書が半焼けになっており、その他のものは殆ど焼けてしまっていた。約六十年前のあの空襲から歳月は流れて、人の世の因縁といえる奇しくも昭和四十七年五月からあの被爆した近くの中野町に居を構えることとなった。毎夏、空襲の日七月四日には六角堂で盛大な供養が営まれ、一緒に逃げのびた姉も下宿のおばさんも今はこの世の人でなくなってしまった。六十数年という歳月は無常というより他に言葉を知らない。栗林公園を散歩する度ごとに、あの日あの時の命拾いをした運命の神に感謝するばかりである。

インターンの思い出

昭和三十一年三月、岡山大学医学部を卒業し、四月からインターン（医学実地修練）を四国鉄道病院で受けることとなった。各医学部を卒業した十四名が集まり、先ず矢野内科担当医長からその心得等の訓示があり、内科、外科、放射線科、眼科、耳鼻科、皮膚科、産婦人科等に各々二名ずつ配置された。又、保健所実習は琴平保健所へ、精神科は丸亀病院で行われた。無給奉仕であったが、鉄道パスを支給されたので無料で鉄道に乗せてもらえるので夏休みには数人で石鎚登山をしたり、岡山、愛媛、高知、徳島等へ旅行をした。各科をめぐって、終了が近づくと誰云うとなく送別会をしようではないかという提案があり、色々相談した結果、紅一点の女医が私の父の経営する塩江の花屋で開催したらということになり、そこに決定した。会費は一人五百円で、あとの会費はすべて彼女の父が負担してくれて助かった。塩江の花屋という宴会場は香川の奥座敷といわれ、その昔はガソリンカーが仏生山から塩江まで通じていたのである。その花屋に到着後、すぐに入浴は三面鏡のある鏡の間で身を洗い、大広間は夢の間といわれ襖の戸棚には歌麿の春画が見られ唖然とした。当時、高松の観光名物となっていたお座敷ストリップの踊りが披露され、楽しい忘れられない打ち上げ会であった。紅一点の女医の厚意でこんなにすばらしい余興をみたので、後日そのお礼に彼女の家にお礼に行き、そこで洋酒を馳走になり有難い限りであった。楽しかったインターン生活の一年はあっという間に過ぎ去り、皆別々の大学へと別れて行った。一緒に研修した仲間の名前を記しておく。細川力、安岡正博、佐野和男、川田勉、三谷純、高畠良智、松下耕平、中川利一、田坂正堂、三井尚、宮本昭士、永野敏久、平井温子、相谷勝一　以上の十四名である。

海難救助記

昭和三十八年五月より非現業共済組合高松病院に勤務し、約九年間の間で一番印象に残っている事は昭和四十二年八月八日の海難事故の救助に立ち会った事です。女木島沖の海上で台湾の大型貨物船と淡路島からの小型タンカーとが衝突し、そのタンカーが転覆しているので海上保安部から高松病院に救助の依頼があり、院長の命でナースを伴って現場に急いだ。巡視船で待機すること数時間、その間船底に合図を送り、船内からかすかに応答する音が聞こえて、船内に生存していることがわかった。船上での作戦会議は若し船底に孔をあけると空気が抜けて船が沈んで生存者を見殺しにするのではないか、又対岸の宇野からひきあげサルベージ船を呼び寄せるには余りにも時間がかかり過ぎるとか、島の浅瀬へ引っ張って行ってはどうかとの話し合いがもたれた。又船内は猛暑で脱水状態から急に外気に触れると、ショック死するのではとの意見がとりかわされた。しかし、もうだいぶ時間が経ち過ぎており、遂に乗組員の家族が淡路島からかけつけて、若しものことがあってもかまわないからとの了解のもと船底に孔を電気バーナーで開ける作業が始まった。息づまる瞬間であった。幸いにも孔があいても船は沈まなかった。すぐ作業員が船内にもぐり込み先ずつれ出して来たのはその機関長で、油にまみれてどぶ鼠の恰好で引きあげられた。人工呼吸をするも、口から真っ黒い油を吐き出しすでに息絶えていた。次にショックを防ぐために毛布で包まれた船長が引き上げられたが、全身電気バーナーで火傷を負い意識不明の朦朧状態で、脈搏は微弱で直ちに強心剤を打ち酸素吸入をし、全速力で高松港へ直行した。後日、船長に聞いた話では、真っ暗闇の猛暑の中、孤独との闘い、空気は稀薄になり、息苦しくなり、空腹、脱水で疲労の極みに達し、半死半生睡魔におそわれるのを音を出してそれを防いでいたのであるという。又、生死の間を夢うつつにさまよっている際、電気バーナーの火花が散乱してきても、体力の消耗がひどくよけられない状態であった。一命をとりとめ広範囲の火傷部の跡も植皮術を外科医の適切な処置で見事に全治し軽快退院した。退院時、船長が運命の岐路というか若しあのとき機関長が助かっていたら自分はどうなっていたかと、涙ながらの述懐は特に印象的で決して忘れることが出来ない貴重な体験でもあった。

栗林公園の恩恵

昭和五十一年に高松玉藻ライオンズクラブに入会し、その会員の長老の方から栗林公園散歩会があるので、健康増進の為に一緒に天下の名園を散歩しようとさそいを受けた。それ以来殆ど毎朝散歩することを日課としている。家の近くにこんなすばらしい名園があり、四季の移り変わりを肌で感じなさいと招いてくれるのである。早春の朝、紅白の梅の香りを嗅ぎ、次に桜の花がパッと咲いて、いさぎよく散る花片を眺めていると春愁の夢が湧いてくる。それは此の大宇宙の数千億という星の中の一つ地球にあって、更に数十億の一つの確率で自分という一個の生命体が生を受けて生まれ来た幸運ともいうべき奇蹟、そして長い人類の歴史において僅かな時の流れの間に平均寿命が数十年も延びてきているすばらしい日本の国に生かされて生きているという二重、三重の奇蹟を思うとき、感無量の気がしてなりません。次は次第に暑さが増し蝉時雨の夏がくると、芙蓉沼に極楽浄土に導く蓮の花が迎えてくれて、先祖への感謝の気持ちが湧いてくる。朝夕涼しくなると灯火親しむ頃となれば、木犀が薫り、紅葉が色づきかけると、秋愁の憂いが起こってくる。自分は今何故此処に居るのか、人生の不思議とか哲学への想いが彷彿と湧いてくる。朝夕気温が下がり霜が降りる頃となると、散歩後の温かいお茶の接待に心なごませるものがある。一方、冬の厳しい寒さの中、雪が降り出すと、松の緑が一段と美しさを増し、春、夏、秋とは違った崇高さは又、格別の感がする。冬の公園の研ぎすまされた見事な美観は、散歩会の人の為に誂えてくれた贅沢ではなかろうかとふと思うのである。四季を通じ天下の回遊式名園が語りかけてくれる様々な自然の変化が私たちに生きる活力を与えて下さる気がします。自然と共にあるが儘、なすが儘、自然子としての自覚をもって散歩を続けていきたいと思う今日この頃です。

千変万化パラダイムシフトの時代に生きて

小林　宏暢

はじめに

今年の夏も熱い頃、長年我が敬愛する西岡名誉教授から〝昭和わたしの証言〟（仮称）に寄稿を依頼され一寸躊躇しました。何しろ古今東西万巻の書を読破されその中から箴言を引き出しエッセイを書かれる先生の本の片隅を穢すのは如何なものかと。そのうち持ち前の厚かましさが頭をもたげ、快諾の運びとなりました。

今秋、米国大統領選挙で、史上初めて黒人のオバマ氏が当選して、世界中の人々が驚いた事と思います。WASP（White, Anglo-Saxon, Protestant）が当たり前のお国柄ですから。歴史を紐解くとPax Romana ⇩ -Pax Mongolica ⇩ Pax Hispaniola ⇩ Pax Britannica ⇩ Pax Americana- と連綿と連なる時の流れの中でグローバリゼイションの御旗の元で金融工学なる手法を駆使して Subprime Loan と名付けた商品で一大インチキ賭博を世界中に仕掛けた米国金融業界が自業自得と言うべきか莫大な損失を受けはしたが、その結果世界大恐慌を引き起こした責任の付けを世界中に押し付けることに納得が行かないのは私一人ではないだろう。あまつさえゴールドマン・サックスのＣＥＯを退職した際に無税で五〇〇〇億円もの大金を得たポールソン氏が米国財務長官として君臨し事の処理に当たっているとは日本人として信じがたい。

又最近の雑誌〝ＷＥＤＧＥ〟に揚子江、黄河　二大河川を有する中国の上海以北で現在水飢饉が起きており工場進出した外国企業が困っているとの記事を目にした。南船北馬のロマンから程遠い風景が読み取れる。今年は四人の日本人科学者がノーベル賞を受賞された事実は日本人として真に慶賀に堪えない。最近頓に凶悪犯罪が増加したように思えてならない。秋葉原の無差別殺人、厚生官僚ＯＢの家族殺人事件、長崎市長射殺事件、その他無数の強盗殺人事件、多数の高額な振り込め詐欺、食の安全を脅かす偽装や中国からの薬物混入問題、各種業界に蔓延するインチキ表示、あまつさえ教育界における採用試験点数水増し問題ｅｔｃ．これ等すべて私にとっては今迄の思考を超える事ばかりで脳味噌のパラダイムシフトを要す事柄ばかりである。日本人の清廉潔白、質素倹約、敬天愛人、隠忍自重、子孫繁栄、国家安泰ｅｔｃ、旧き良き日本人の特性は何処に行ったのだろうか？

良く良く過去を振り返れば我々の世代は振幅の大きな変化に富んだ時代を生きてきたものだ。由ってタイトルとした。

（幼児期）

私は現在の住所―（戦後の町名変更前は〝高松市一番町一丁目五番地の三〟）―現在地名は高松市錦町一丁目十五番二十二号にて昭和十一年十一月六日に長男として生を受けました。祖母、両親の四人家族でした。物心つくまでの事柄を両親から聞いていないので、自分なりに、まばらな記憶を辿れば、父は祖父小林和三郎が京都帝国大学医学部学生時代に同級生だった松尾　巌教授の教室で学び高知赤十字病院に単身赴任していたらしく余り四～五歳迄の記憶はない。三歳の時に七五三の祝いに祖母に連れられて東浜の恵比寿神社に着物を着せて貰ってお参りして熊手を買って貰った記憶がある。実は父は小林家本家から分家した祖父小林和三郎の長女和子の婿養子となったが、脚気衝心？で死亡後に次女の操と再婚。父三十五歳の長男として生まれたのが私である。後弟三人と妹一人が生まれた。

戦後父は自分の名前を源蔵から玄米の道〝玄道〟と改名した。祖父和三郎の恩師の松浦有志太郎教授の唱導した玄米食に傾倒したからである。

三年後に生まれたのが次男國男で日中戦争の〝生めよ増やせよ〟の国の〝男〟に因んで付けられた名前である。

幼稚園は現存する〝みくに幼稚園〟である。当時はギリシャ正教系の幼稚園では未だクリスマスソング〝お星が光るピカピカ、砂漠の原をピカピカ、何が何が有るのか、お星が光るピカピカ〟とキリスト誕生を祝う唱歌を習った。あの時近所の友達らと知己になった。高橋のトッチャン、吉本のキミチャン、白洋社の鵜川兄弟等。

昭和十三年か十四年から今の本宅で開業した父にはよく叱られた記憶がある。反面暗室で写真の現像を私に見せて可愛がってくれた。確か昭和十六年父に赤紙が来た。我が家の表向かい側、芦沢家の前に近所の人達が南北一列に並び、我が家を背にして挨拶する父を各々が、国旗を手に振り振り武運長久を祈って見送り出してくれた。善通寺十一師団見習士官として応召し、上海の辺りに転戦した。その後昭和十六年十二月八日太平洋戦争が勃発した。昭和十七年二人目の弟が誕生した。銃後の守りに就いた祖母と母は次第に逼迫する食料事情の下で、我が家に出入りしていた人から一羽の雉を頂いた。その時箱入り娘育ちの母がそれを捌いて弟と二人に食べさせてくれた。話は相前後するが祖父は癩療養所大島青松園の園長をしていた。しかし昭和八年に他界した。孫二人が男の子だったので祖母は喜び、孫達の人間教育を始めた。何気ない生活の中で色々お手伝いをさせられた、家の北庭に沿って廊下があり、そこでの雑巾がけを手伝った。その南の部屋は皆が洋室と呼び今から思えば、ドイツ留学時に買ったドイツ語の本を収納した図書室をかねた書斎だった、その南側は和室でその又南側にポットン便所があり其処で用を足すのが怖かった。トイレに落ちる恐怖を感じたからだ。洋室、和室、便所の東側にも縁側がありその東にも東庭があった。肥壷の中身は下肥として野菜と交換されて我が家の食卓にのぼった。これが六十数年前の日本の現状だった。昭和十九年の暮れか二十年に父が高知の陸軍病院に輸送船で帰ってきた。その前後の輸送船は潜水艦に攻撃されて海の藻屑と消えた。たまたま坂出回生病院の開設者、故松浦俊子先生の前夫、大西先生に頼まれて船の便を替ってあげて命拾いをしたので、其の事実を彼女からよく聞かされたものだ。

（小児期）

昭和十八年四月香川師範付属高松国民学校に入学。と同時に自分の行動範囲が広がった。高松は四国の鉄道の起点であり、本州の宇野市との間に宇高連絡船が就航していた。その頃高松築港駅と高松駅の二つがあった。高松駅は木造の二階か三階建ての壮麗な切妻造りの大きな建築物だった。駅舎は高松空襲の際の火災も免れたが惜しむらくは戦後昭和三十五年八月二十日焼失した。市民の間では〝本駅〟と親しまれ駅前からは、大正六年（一九〇七年）から今も残る法泉寺のお釈迦様の麓を通って栗林公園の北門を通り出晴（琴電瓦町付近）まで路面電車が走っていた。電車道は道幅が広く子供たちの良い遊び場だった。法泉寺付近には多くの寺があった様な記憶がある。学童達は集団登校をしていた。一度途中、知事公舎の近くに集まり上級生のお姉さん達（現川西正充先生夫人、旧姓井口さん）や、小田さん、（当時香川日日新聞社長令嬢）に連れられて登校した。学校でまた新しい友達ができた。学校の図書室は中庭の横に位置し、そこの絵本で芥川龍之介の〝蜘蛛の糸〟を読んだ気がする。同級生の多数が後程高校まで一緒に学ぶこととなる。

昭和十九年生まれて間もない弟が肺炎で夭逝した。私が学校で感染した風邪が元凶だった。当時トリアノンなる薬が有ったが父も不在で薬もなく成すすべもなく他界した。自分はショックを受けた。悲しむ母を見て責められた気がした。

昭和二十年に入ると物資は窮乏し東京の空襲が始まり我々も頭巾を被って登校することになった。学校からライオン館に時々映画を見に行ったがポパイがホウレンソウを食べて元気をだす場面や南洋のクロンボが椰子の木の下で踊る場面やらが大本営の戦果のニュースと一緒に放映されていた様に想うが、誤りかも知れない。学校の無い日は子供の私も弟を子守して防空壕を掘る祖母や母を手伝った。掘ると水が溜まって何日も掛かって掘った穴に木箱に詰めた陶器を入れておいた。人が避難出来る代物には思え無かった。

学校では先生方が出征されるたびに講堂で壮行会が催された。学校には奉安殿があり天皇皇后両陛下の御真影と教育勅語が収められていた。授業の時T先生は独特の皇国史観を毎回強調されたが、戦後は一転民主主義に百八十度思想の転換を計られて授業をされた。この事実は幼いこども心に混乱を植え付けた。大きなパラダイムシフトに遭遇した。

昭和二十年七月四日夜二時過ぎ突然閃光に続きパチパチ、バリバリの大音響に目が覚めた。其の頃には方々の都市が空襲を受けていたので何が起きたかは明々白々だったので祖母と母が我々を起こして逃げる用意をしてきた。祖母は普段から用意をしていた包を私に手渡しながらこう言った。〝これは非常に大切な物だから絶対に失くさないように〟と。その中身は銀行通帳と銀行判だった。母は弟の手を引き祖母は手荷物を持って。

結局我々は当時大的場と呼ばれていた西浜港の東方に位置する海岸に逃れた。空の要塞B－29の照準は正確だった、漆黒の闇のなか天蓋部は真紅に照らされ、火の雨の如く焼夷弾の落ちる光景は、一寸不謹慎だが、市街地の大火災と呼応して妖しくも美しかった。

その日の明け方旧知の火災を免れた西浜(現瀬戸内町)の漁師さんの家を訪ね炊き出しで空腹はとりあえず収まったが、あまり良い顔をされず以前祖父が園長をしていた大島青松園に向かった。道すがら高松本駅は奇跡的に焼失を免れていた。瀬戸内町、扇町（旧西通町）も焼け残っていた。旧市街地はほとんど全焼して僅かに見られた建物は北から関西汽船（現県営桟橋事務所、今は無き千代田生命ビルと大和生命ビル、旧三越、現在南新町交番の南向側角にあった池田屋のビル位のもので全てコンクリートの建造物だった。築港に立って南を見渡すと焼け残った栗林公園まで、お釈迦様の立像と前記の建物以外には何も遮るものは無かった。七月の暑い頃ではあったが市街一面が燻って赤い残り火で焼け付くような暑さだった。

大島行きの小さな船に乗り港に着いて事務所の前で初めて祖父の銅像を見た。戦時中銅は軍需物資として供出させられたらしいが、園内の患者さん達に慕われていた祖父の像は患者さん達の嘆願で供出を逃れたと聞いて子供ながらに感激した。明治生まれの気丈な祖母は戦災にも愚痴をこぼさず父の留守で男手の無い中を今思えば正にモーゼの脱出劇もどきを演じたのだった。数日後束の間の落ち着きを求めて小林家の本家を頼って福山郊外の離れ家に暫しの安らぎを求めた。が八月六日広島に原爆が投下されて以降近所にも人々の流入が増えた。皆食べ物に飢えていた。ある日、本家の伯母が私に西瓜泥棒の嫌疑をかけてきた。誇り高き祖母は再び脱出を決意した。終戦の詔を玉音放送で聞いてからのことだった。神国日本のあり得ぬ敗戦。泥棒扱い。自分にとっての度重なるパラダイムシフトだった。

落ち着き先は祖母の姉の嫁ぎ先近くの旧三豊郡財田大野村で三宅邸の離れ家を借りた。そのうち父が軍隊の毛布や防寒服を持ってそこに帰ってきて家族一同が会した。借家の一室で父は開業を始めた。私は財田大野小学校に入学した。当時履物は藁草履。布切れが草履に混じれば高級品。近所の餓鬼と仲良しになって池や川で泳ぎや、川で雌竹を切って水鉄砲や竹トンボ作り。草履作りも覚えた。田舎の学校の学力は低く、自分は勉強をした試しは無い。しかし神戸から疎開して同じクラスに居た藤田君にはいつも敵わなかった。そのうえ彼は絵がとっても上手だった。彼は後観音寺一高に進学して神戸大学経済学部を卒業した。もし彼が都会に戻っていればもっと難関校へ行っただろう。後年〝孟母三遷の教え〟を実感する端緒となった。未だに人と人の縁、先祖、家族、恩師、先輩、後輩、友達、周囲の人達の重要性を認識すべきだと思う。

田舎の子供達は幼い頃から動物を飼う仕事に従事するので早熟である。良くアンゴラ兎の交尾をさせていた。これが私のヰタセックスアリスの始まりである。教育環境を考慮してか我等一家は元の屋敷に戻る計画を立て父は仕事の合間を縫って家屋の再建を企てた。昭和二十一年妹誕生。昭和二十二年現在の本宅焼け跡に三部屋の住宅と別棟の二部屋の仮診療所が完成。一家は高松に戻って来た。戦禍の跡には路面電車の線路周囲に敷石と線路は見られなかった。早速私は香川師範付属高松小学校に編入した。校舎は高松高等商業学校、戦中から高松経専、現香川大学経済学部の一部を借りて授業をやっていた。クラス担任は岸上先生。級長は確か三野正幸君で彼はとても真面目な努力家だ。猫背で運動能力に欠ける私は随分辛い思いをした。休みの時間にコルクの様なものに糸を巻いたボールで草野球をするのだがチームをクラスの二人の野球ボスが、ジャンケンポンで順番に自分の陣営に組み入れて行くのだが最後に一人残ったら、まさにその時前記三野君（現徳島文理大工学部教授）が〃小林君こっちへ来いよ。〃と彼の側のチームに誘い入れてくれた。苦い思いの中での一服の清涼剤である。

あの頃高等学校は地区制で中央通を南北に東側は高松一高、西側は高松高校に配分。家の周りの瓦礫を片付けながら我が家ではトマト、スイカ、ナスビ、カボチャ、などを植えていた。学校では紙不足で帳面と称するノートには稲藁が漉き込まれていた。小石混じりの鉛筆の芯が藁に当たる度に折れた。各教科の教科書は何冊にも分かれていた。戦後暫くは、修身なる教科書を教わった気がする。何時の頃までか給食は真っ黒なパンを食べていた。炊とんと称する薩摩芋の弦や、南京を煮込んだ食べ物もあった。そのうち不味いミルクや鯨肉などが食卓に上った気がする。程なく学校は借家から現在の場所つまり元に戻った。運動会のかけっこでは何時も殿を務め何時も嫌だった。学校から帰ると家の手伝いを良くやった。付属には教育実習生が教生の先生でおられた。その中の一人橋本義範先生が鉱石ラジオに興味を持っていた私を先生のご兄弟に紹介して下さり、以降私はラジオ少年へと傾倒して行った。当時家では祖母が大蔵大臣をやっていた。家の手伝いや、肩揉でお小遣を貯めてはパーツを買ってきて橋本家に入り浸りで教を請うて真空管式のラジオを作り始めた。

（中学、高校時代）

父が仮診療所を壊して本宅に隣接して玄関、座敷、診療所を新設し胸部X線撮影装置を導入した。正確な時期は不明だが。中学へは其の侭進学した。我々の担任は温厚な人格者の馬場先生だったが結核で休職。後任は大阪外大から着任した英語担当の児島先生。若いので皆が友達扱い。一緒になって遊んだ。私のラジオ作りは益々エスカレート。大金を貰って、アンプやスーパーヘテロダインを高校二年生まで、作っては壊して又作り直したりした。当然音質にうるさくなり、プッシュプルや三極管、さらに大口径スピーカーを求めていった。増幅装置のスピーカーの接続端子部部分にコイルとバリコンを繋げば送信機になることを発見して悦に入ったりしていた。ラジオの製作中に色々当時の流行歌が耳に入りこれ等に親しんだ。〝湖畔の宿〟〝岸壁の母〟〝君何時の日にか帰らん〟〝蘇州夜曲〟〝港が見える丘〟〝湯の町エレジー〟〝モンテンルパの夜は更けて〟等センチメンタルな曲が多かったが〝憧れのハワイ航路〟〝みかんの花咲くころ〟やリバイバル曲〝丘を越えて〟〝酒は涙か〟も流行っていた。ロキタセクスアリス第二期である。昭和二十三年には末弟誕生。

昭和二十四年三月から五月にかけて現在の中央公園の場所で高松観光大博覧会が開催された。この時初めてテレビジョンが出展されて人だかりが出来ていた。洗濯機も無い時代母や祖母は多忙を極め、小生は自転車に妹を乗せて春日川河口に疎開していた朝岡君の家まで度々遊びに行った。オムツの洗濯も良くやった。あの時代蝶蝶採りが流行って彼や渡辺君（皮膚科）、遠藤君（外科）、宮武君（元新潟大、東京医科歯科大教授）、西岡君（元三菱重工業会長）網を持って遠く大滝山まで行ったもんだ。小生も国蝶〝オオムラサキ〟を採ったが残念乍岐阜蝶は手に入れられなかった。また胸部X線でフイルムの現像していた父からは写真技術を学び大いに楽しんだ。未だ巷には商用車としてマツダの三輪の荷車が往来していたが、その数疎らで自転車も安全だった。

西岡君は中学から一緒になったと記憶している。上原先生の下、天文部で宮武君（前述）や池田君（元資生堂会長）達とで頑張っていた。数学の吉井先生には勉強しないので注意された。あの頃高等学校は地区制で中央通を南北に東側は高松一高、西側は高松高校に配分されていた。多くは高高に入ったが、成績抜群の小野君（元日立常務）、幡（幡内科）等は一校へ行った。高校は十クラスあり一年七組に編入された。担任は英語の女性の青木先生だった。各教科が急に難しくなったと思った。女性の数学担当は品川先生。近所に住まわれていたので時々遊びに行った。クラシックファンでベートーベンやチャイコフスキーがお好きだった。秋の文化祭に向けてスクエアダンスをやる事になり各クラスから先ず数名の先生役が習ったのをクラス全体に伝達する役に猫背で運動神経の鈍い私を悪童共が面白がって推挙した。そこで青木先生に談判して、取り下げを依頼した。曰く〝小林さん民主主義下で皆が決めたこと。やってください。〟と仰って、渋々放課後毎日練習に勤しんでいる間に、ミイラ取りがミイラになった。何しろ女性と手を握って踊るのは楽しいことだと気付いた。文化祭には毎年三年間踊りまくった。

キタセクスアリス第三期。自分と入れ代わりに三つ下の弟（元帝京大学救急医学教授）が付属中学に入学。一緒に泳ぎに大的場に通った。高校では昼食時うどんが食べられた。青ねぎと削鰹のトッピングで十円だった。同級生達と、二年生の夏までは皆で一緒に良く遊びよく学んだ。二年生の夏休みにこれが遊ぶ最後とばかり宮武君、渡辺　賢君（京大、商社入）と三人でボートに乗り女木島一周をやったが長時間を要して海上保安庁にお目玉をくらった。一緒に学び遊んだ岩瀬君（東大法）は後に若くして青森県副知事になり、驚いた。この頃父はオートバイで塩江病院の院長として週に二日程出かけていたが、何時の間にかバイクがダットさんの四輪になっていた。三人娘の美空ひばり、江利チエミ、雪村いずみがデビューして、早速レコードを買って英語の歌詞を全部覚えて英語学習の足しにした。失恋の歌は短調が多いがテネシーワルツや思い出のワルツ（Till I waltz again with you）は長調なのでアメリカ人の気質に驚いた。二年生の九月から愈々本格的な受験勉強に突入する。明治生まれの凛とした祖母は毎朝六時に眠気眼の私を起こしながら、長男の私が勉強したら後に続く弟も頑張ると〝皇国の興亡この一戦に在りやから〟と私を鼓舞した。それから祖母は家族の朝食を作り八時に私に軽食を食べさせ、学校に送り出すのが日課だった。

高高では毎月五教科で三年生と補習科を含めて模擬試験があり結果を公表していた。二年生でもある程度成績が良ければ、参加できた。これに参加して二十七番となり自信が出来た。それでも二年生の間では三番だった。西岡君はベストテンに入っていた。我々の学年には付属からきた豪の女性が数人いた。佐野道子（東大文一）、名物赤羽校長令嬢、赤羽惇子（千葉大薬）、陶祥子（京大薬）等。男は方々の中学から集まりお互い切磋琢磨して結果的に東大、京大、東工大、一ツ橋、阪大、東北等に多数合格した。最後の一年間は毎日学校と家の往復運動だったが受験勉強も英語は朱牟田東大教授のモーム抄を読んだり、世界史の参考書を読みながら面白いところは、父の揃えていた世界文化史大系を引き出して調べたり楽しみ交えた勉強をした。夜は文化放送旺文社提供の大学受験講座を自作のラジオで聞いた。頭の疲れを癒すにはラジオの歌番組でジャズの英語の歌詞を一緒によく口ずさんだものだった。

その頃高松に高い建物は少なく、自分で立てた高いアンテナは、東京からの電波をよく拾った。受験は京大医学部進学課程と京都府立医大を受けた。共に受かり、京大に入学。特に祖母はわが事の如く喜んでくれた。

（大学時代）

入学後の初仕事は入学式前に高松市瓦町にあった銀星ダンスホールで社交ダンスを習うことだった。今から思えばとんだ大学生だった。

前年度までは教養部を済ませてから、医学部受験があったのが、進学コースの五十人はストレートで、あと約半数の人達が医学部編入試験を受けるシステムに変った。一クラス五十人の一年生は宇治分校で講義を受けた。伏見区大手町商店街から少し入り込んだ賄い付きの下宿から京阪電車伏見桃山駅から電車に乗り、中書島で乗り換えて木幡で降り、自衛隊駐屯地に隣接する校舎に通った。何だか革新的若者の集う所と隣り合わせに戦闘集団が共存する事態に違和感を覚えた。

皆ドイツ語はよく勉強をしていた。宇治平等院と校舎は近く、時々遊びに行った。美しいシンメトリカルな日本の美は心を和ませてくれた。拝観料なるものも無かったように記憶している。本尊阿弥陀如来坐像も簡単にみられた。

その頃京都の下宿行くには、朝六時の宇高連絡船に乗り宇野から急行鷲羽に乗り京都の下宿には午後一時半頃になる。連絡船の中で人々が順番に讃岐うどんの販売店の前に並ぶ光景は四国往来の風物詩だった。

京都生活に慣れるにつれて四条寺町下ルにあった電気街に通ってラジオのパーツと道具を買って、最後のラジオを作った。教養の二年目は、旧第三高等学校の校舎に通うので、吉田山の西麓の古い下宿屋に移った。この時から外食をした。近所に学生食堂が多く、学校内の方々にも食堂があった。まだ米は配給制度が存続し、お米の割り当ての一部を食券で貰って、外食時には食事の度に外食券を使用すれば五円か十円安く食べられた。

当時京都の冬は寒くて、立て付けの悪い窓の隙間に新聞紙を詰めて対処した。学校から帰ったら局所暖房の火鉢の火種を気兼ねしながら、下宿屋の Frau に貰いに行くのが日課だった。寒くて寝つきが悪いので毎晩銭湯に通った。冬の間は昼間風呂で温まり勉強をして再び眠る前にも風呂屋に通った。大きな風呂に入ると、とても温まり、持病の肩こりから暫し開放されるので、後年の温泉巡り趣味のもととなる。

未だ娯楽と言えば映画やダンスが貧乏学生にとって身近なものだった。暇があれば洋画をみて英語に慣れようとした。夜はダンスに森君（高知大名誉教授）、や金森君と一緒に通った。当時京都には市電が縦横に通っていた。往復券は二十五円だった。

時々クラスでコンパをやった。あの頃は未だ松茸が学生の分際でも食べられた。女性は関本さん（山口大名誉教授）が、紅一点だった。学部に入って三人加わった。遠距離列車には五十％の学生割引があり、鹿児島で木之下君（滋賀大名誉教授）の家に泊めてもらったりして九州一周途中高千穂峰に登ったり、北海道へ一人旅をやった。

学部に入って堀井、平沢　興、両先生の講義は多色のチョークで黒板に図を書きながら喋られる儘にそれをノートに書き写せば、講義録が教科書となる恐るべき内容で度肝を抜かれた。その頃学生たちは、教科書はドイツ語が多かった。講義もドイツ語が主だった。解剖の教科書はラウベルを買った。同じ敗戦国のドイツに立派な本があった。然るに日本には分担解剖学があったが印刷はドイツの本に遥かに及ばなかった。とは言っても解剖実習の最後には時間に追われて、こちらも買ってしまった。そんな中、数多の教科を教えて頂いた先生方の中では、生理学の笹川先生の生活基本小体（elemental body of life）は結局分からず仕舞。衛生学、三浦先生は〝大醫治國、中醫人治、下醫治病〟が印象に残っている。

学部二年生の時、弟が進学コースに入学してきた。一緒に学び遊ぶ仲間入りした。三年生から内科と外科の臨床講義が始まった。四年生と同時に講義を受けた。内科学、前川先生（本県出身循環器）は心臓神経症の本態は脊髄の arachnoiditis 也との自説を難解な哲学を交えての講義、脇坂先生の血液学は論理的で明快な英語の講義、脳神経外科と外科の荒木先生も明快かつ論理的で魅力的。自分も外科を専攻したくなったが先生曰く〝頭の悪い人は外科向きでない。〟とかで、消去法と泌尿器科稲田先生が父と同級生だった事もあり将来を決めた。内科診断学はクレンペラーを読む人が多数いたが文章が相当難しく拾い読みしか出来なかった。内科は易しいドイツ語のハイルマイヤーをリプリント版で読破した。セシルのリプリントを読むのが流行っていたので、一応買って手元にあったが、分厚すぎて興味のある所しか読めなかった。学内に何と無く英語の雰囲気の方が高まり、横須賀米国海軍病院のインターン生は当時国内で無給だったインターンにも給料が貰えると聞いた。老いた父（当時の感覚では）が、四人の子供への学資の工面をするのも大変と思い、祖母の影響下ドイツに憧れていたものの少しずつ英語に慣れるようにした。四年生の秋か冬に横須賀に試験を受けに行った。総勢十四人中、京大からは木村君（世界神経内科学会会長、京大神経内科名誉教授）、寺田君（元国立癌センター総長）と私の三人が採用された。かくして学生時代は幕をとじた。

（終わりに）

昭和四十年頃しばしば『戦後強くなったものは女性とストッキングである。』と言われたものだ。確かに女性の社会的地位は向上したものの、英国、イスラエル、ドイツ、更には世界最初のバンダラナイケ首相（スリランカ）の如き宰相は今だ我が国では誕生していない。女性防衛大臣は誕生したが。アメリカも意外と男性社会である。

高度成長期以前は三世代や稀には四世代が共に助け合い、古き良き習慣や作法、伝統、生活上の知恵が連綿と受け継がれ、主婦連中は向こう三軒両隣とも交流があり、近所の子供たちは幸せそうに遊び廻っていた。この様な社会環境下で育った子供は非行には縁遠く凶悪事件も今よりも格段に少ない社会だった様に記憶している。元来生物界は多様性を旨とする。あらゆる動植物が多様化して地球環境を豊かなものにしている。人間界も同じく多様な民族が地球上の色々な環境下で多彩な文化を開花させて生活をしている。工業化の進展に伴い核家族化が進み、失職に対する安全弁が破壊され、敬老の精神は希薄化し、最近多くの老人が子や孫に囲まれた生活とは程遠い老人ホームでの他人任せの生活をしている。

大昔より神ながらの国では『和をもって尊しとなす。』が人々の基本理念で、日本人は二極分化には馴染めない民だ。自然の懐に抱かれ、自然と共生して来た人達が、山の木の手入れを怠り、川を護岸工事と称してコンクリートで塗り固め、鰻やその他の在来の魚たちを追いやり、今ではメダカも少なくなった。外来種のブラックバスやブルーギル等が我が物顔に振る舞い日本の生態系は破壊の危機にある。高度成長期に建設されたコンクリートの高層ビル団地はゴーストタウン化しつつある。明らかに防火対策と地震対策さえ旨く対処出来れば、住むべき家は国内材の日本建築が最高の選択肢だ。

一方他国を展望しても米ソ冷戦時代は両大国の指導者はイデオロギーに基づく思想、信念を持って対決していたと思われる。アメリカが覇権国家となり文化、軍事、通信、特に金融業界のアメリカ化を推進し、グローバリズムの美名の下に免罪符の如く金融化商品を売りまくり、その結果金融恐慌をもたらした責任は重い。ある一面アメリカンドリームの存在が、世界中の人々を魅惑し、移民や優秀な人材の確保を担保しているが、他方これ等の人々の何倍もの人達が医療保険や最低の生活保障に事欠く状態を見逃しては成らない。競争は社会の活性化に不可欠では有るが、人間らしく尊厳を持って全ての国民が生存可能な社会の在りかたを模索すべきであろう。社会的、経済的二極分化は治安の悪化をもたらし、人生の再チャレンジの意欲を失わせる。最近の世相は、残念ながら世界不況を口実にして逆方向にベクトルが向かっている様だ。勿論行き過ぎた個人主義と怠惰な若者達の増加に対しては厳しい社会教育や日本古来の『恥の文化』の再構築が必要ではあるまいか？歴史にIFは許されないが、日露戦争後に秋山好古陸軍大将は元帥への昇進を断って故郷松山で私立北予中学校長に就任して後輩の指導に当った。本人は家族を東京に残して単身本当に質素な生活だったと聞く。もし日本の国会議員が彼に私淑する人達の集りだったら、今の日本は大分違った国になっているだろう。

案ずるに人は皆幸運と不運の狭間を行き来しつつその場その場で情報処理をしながら生きている。其のあいだ周りの人々に教わり教えながら成長している。「孟母三遷の教え」ではないが、私も幸運にも、素敵な仲間たちに支えられて、この年に到達しました。嘗て西岡教授が現役でご活躍中に講演会と呼応して多士済々の文化人を招聘されて、出席者一同感銘を受けた。香川県医師会員に文化の香りを運ぶ企画をされたと感銘を受けて先生のファンに成った方々が大勢居られる。改めて先生に感謝申し上げます。戦後の荒廃した国土再建の課程を、子供乍に大人たちの背後から垣間見た人間の一人として、若干私的になりましたが、拙文を寄稿させて頂く次第です。

遠き記憶

西岡　幹夫

一、釜山で生まれる

私は一九三六（昭和十一）年一月三日、韓国釜山で生まれた。韓国南東端の釜山は一八七六年、釜山港が開港すると、西日本、特に長崎県、山口県などから多くの日本人が渡航し、日本人社会を形成していった。下関―釜山間に連絡船が就航し、釜山は朝鮮の表玄関となる。一九二七年の釜山府の人口は約十二万人、そのうち日本人は約四万三千人で、三十六％を占めていた。

我が家の古い写真を見る限り、釜山における暮らし向きは、内地（日本）に比較し、贅沢で、華やかに見える。祖父や祖母を呼び寄せて、近隣の東萊（トンネ）温泉に遊び、また、正月には母は日本髪を結って着飾り、楽しんでいた様子が伺える。また、釜山では一九三五年から赤ん坊の健康優良児の審査会が開催されるようになり、私はその大会の第二回と第三回の二度、いずれも第三等に選ばれている。一方、自宅で二人の兵隊さんに抱かれている写真もあり、戦地に行く兵隊を自宅に泊めて歓迎する事は日常的に行なわれていたらしい。母が残している愛国婦人会釜山支部の小冊子（昭和九年）をみると、会員数は特別会員、二、二七五名、通常会員、七、八八七名とあり、出征、帰還皇軍の送迎、傷痍軍人の見舞いなど銃後の重要な活動をしていた事がわかる。

父は明治三十七年（一九〇四）山口県熊毛郡周防村（現・光市小周防）の生まれで、山口師範学校を卒業し、近隣の尋常小学校に勤めていた。学生の時から美術に興味を持ち、しばしば上京して、美術の勉強をしたという。大正デモクラシーの余韻にひたり、不自由もなく暮らしていたように思うのだが、一九三二年頃、釜山行きを決めた。その間の事情は直接聞いたことはないが、母に聞いたところによると、朝鮮総督府に勤務していた父の弟に勧められたためらしい。しかし、父はそれだけで母親と妹二人を残して外地に行ったとは思えない。父が釜山鎮公立普通学校に勤務していた一九三三年に書いた〝図画教育必携〟という小冊子（慶南教育会出版）によると「図画教育は単なる工学教育で終わるべきものではなく、人格教育にある」といい、その序文には「自分は過去十数年間悩みきった所のものを編集し諸賢の批正を仰ぎ、沈滞せる斯界に小さな波紋を立て、清涼の質としたい」と述べているように、父は外地において、図画教育に一石を投じたいという意向があったに違いない。

母は熊毛郡東荷村（現・光市大和町）の生まれで、山口高女を卒業し、一九三三年、隣村の父のところに嫁いだ。東荷はわが国の初代首相、伊藤博文の出生地で、母はこの郷土の偉人を大変尊敬しており、ここにある伊藤神社と伊藤公記念館には里帰りの度に連れて行ってくれた。

私はかねがね、この釜山を訪ねたいと思い、母を何度も誘ったが、いつも〝そのうちに〟と答えるばかりで、母も年を取り、とうとう一緒に訪ねる機会を失った。母もまた父も釜山の事は良くも悪くも、多くは語らなかった。

二〇〇五年、母の一周忌の時に実家にある古いアルバムを見て、再び、釜山訪問を思いたち、弟妹に声をかけた。しかし、皆あまり乗り気にならず、我が家の家族五人で、二〇〇七年十月、行くことにした。この旅はルーツを訪ねる旅だからと家内が子供達にハッパをかけたので、それぞれ図書館やインターネットで昔の朝鮮の資料をたくさん集めてくれた。インターネットで予約したガイドの案内で十時間、マイクロバスに乗って思い出の場所を訪ね回った。

最初は、やはり私の出生地、佐川町一〇〇七番地（現・佐川一洞）で、丘の中腹にあり、眼下には大きな街が広がり、大小の船の行き交う釜山港が見える。二階建のコンクリート造りの家が建ち並び、ハングル文字以外にも、漢字表札がある。この辺は、母の釜山の思い出話、〝カッカッカという高い靴音を遠くに聞くと、直ぐ父の帰宅だとわかる〟の場所かもしれないと思う。垣根越しに見える庭もなんとなく日本風である。若かりし父が帰ってきそうだ。

二　南海郡の田舎に移る

一九三八年、父は釜山から百キロばかり離れた慶尚南道の海辺の田舎町の三東公立尋常小学校に校長として転勤し、校舎の新築に関与するなど、多忙な生活を送ったようだ。当時、内地人の学童は尋常小学校で学び、朝鮮人の学童は普通学校で学んでいた。しかし、朝鮮総督府は〝内鮮共学〟のために朝鮮人学童も小学校へ通うようにという第三次教育令を出し、小学校がドンドン建設されたという（日本の朝鮮統治、鈴木譲二、日本図書センター、二〇〇〇年）。

三東時代のアルバムをみると、三東尋常小学校の上棟式、学校の金字塔としての皇国臣民誓詞塔、全校生の朝会、大運動会における戦闘教練、勇ましい皇国臣民体操風景などと説明が書き込まれており、教室の正面に日の丸を、左右に皇国臣民誓詞の掛け軸をかけた授業風景など、当時の学校教育の一環を垣間見る事ができる。卒業記念らしき写真には白いチマチョゴリを着た十数名の女子学童の姿も見出され、その清楚な顔が印象的である。

この頃、私の記憶にあるのはオンドルの薄茶色の床である。恐らく、暖かくてよく遊んでいたからであろう。父の釣り上げた大きな魚を外に持ち出して自慢したり、また、運動場で学童の体操が始まると、それに紛れ込んで、みんなの逆を走ったり、困らせたと言う。子どもの戦闘帽をかぶり、校門の玉砂利のうえで三輪車にのり、妹を兄貴顔してみている写真など見ていると、これらの事が蘇る。また、関釜連絡船の長い廊下、広い海、下関の百貨店、三井（みなかい）の名前とその煌々と光る窓などを覚えているのは、当時、夏休み、冬休みなどにしばしば皆で郷里に帰っていたからであろう。

三 釜山鎮幼稚園に入園

一九四一年、国民学校令が公布され、尋常小学校が〝国民学校〟と名前を変更し、父は再び釜山に移り、釜山聖知公立国民学校に勤めた。

私はこの年、私立釜山鎮幼稚園（釜山府西町四丁目）に入園した。私は幼稚園に行くのを大変嫌ったらしく、連れてゆくと、大泣きをして、〝西岡君が来ると一里四方に泣き声が響く〟と園長先生を困らせたと母が話す。弟の誕生のため母と妹と三人で約半年間小周防の田舎に帰省していたので、幼稚園への入園も二ヶ月ばかり遅れたためらしい。卒園時の記念写真をみると、お坊さんの園長を囲んで、白い前掛けをつけた男女四十数名の園児、ほぼ同数の父兄、その中には四名ばかりの白い朝鮮服を着た父兄も見られる。

釜山の家は日本人向けの押入れがある木造住宅で、玄関も台所も土間で、母は下駄をはいて、割烹着姿で何時も料理を作っていた。黒色の練炭がたくさん積んであった。当地の最大の釜山鎮市場にも近く、母と買い物に出かけた。また、路面電車に乗ると、私は、母の知らぬ間に、いつも運転台の方へ行き、前方を眺めていたという。

四 釜山第八公立国民学校へ

一九四二年、四月、釜山第八公立国民学校（釜山府凡一町三〇五）に入学した。

自宅の近くには、お菓子なども取り扱う食料品店があり、そこは同級生、飯田君の家で、偶然にも、山口県熊毛郡の同郷人であった。彼とはしばしば一緒に学校に通い、また、店にもよく遊びに出かけ、仲よくしてもらった。同じく同郷の皿田君も戦後、無事に帰国し、近隣の高等学校に進学したと聞く。学校にしばしば連れて行ってくれた一級上の女の子もいた。しかし、残念ながら、彼らの顔は全く思い出せない。その後、同級生の皆さんはお元気だろうか。

ただ、私の郷里の隣、玖珂郡（現、岩国市玖珂）出身の森君については些か異なる。中学時代の事であるが、掃除をしていると、小柄な同級生から〝帰っていたのか〟と声を掛けられた。見たような顔だと思う。彼は釜山のことを話し始め、二年生の時、一緒に学芸会で劇をしたという。家に帰って、早速、この事を母に話すと一枚の写真を探し出してきた。そこにはなんと私のそばに、昼間見た森君とそっくりな顔があり驚く。その劇は〝因幡の白兎〟で、〝大国さんが来かかると、そこへ因幡の白兎、皮をむかれて赤裸……〟という歌詞はよく覚えており、今でも、十分、歌える。彼の顔は今でも思い出せる。

我々の日常生活の膨大な情報は感覚器に飛び込み、脳に送られ、海馬にその情報が蓄えられるが、その九十九％はふるい落とされるらしい。長期記憶は大脳皮質の連合野に蓄えられるというが、子どもの記憶は何歳頃から残るのであろうか。私の場合、四―五歳頃からである。長期記録は脳神経細胞の興奮の程度とその反復性によるといわれる。

自宅の近くに大きな広場があり、独楽回しや輪回しなどでよく遊んだ。独楽は日本のものよりやや大きく、回転の勢いをつけるために布をつけた棒で叩く、喧嘩独楽も面白いが、子どもには難しい遊びだった。輪回しも日本のものと少し違い、支える棒の先に三センチぐらいの半円の輪がついている。

自宅から少し離れている所に、大きなガラス工場があり、黒茶色の板塀の下から潜りこむ。ガラスくずの山の中から、格好の良いガラス破片を拾い集め、また、友達とも交換する。時々、会社の人に大声で怒鳴られたが、夢中になった。

夏休みには、国旗掲揚した広場で毎朝早朝から、皇軍体操があり、学童も父兄も集まる。父は戦闘帽をかぶり、何時も朝礼台の上で堂々と体操の指揮をしていた。私は父から〝体操に手足の力が入らない、体操が軟弱である〟と、しばしば家で怒られた。

釜山の冬は寒く、自宅の近くを流れる川は全面凍り、皆の遊び場と成る。大人も子供もスイスイとスケートをするのを、私はうらやましく眺めていた。

学校へは大きなポプラの茂る並木道を歩いて通った。路面電車が走り、同時に牛が引く荷車や野菜など山盛りに積んだリヤカーが走る。頭上に荷物を載せて上手に運ぶオモニ（おばさん、母）が通り、所々に、頬被りしたオモニが半畳ぐらいの筵の店を出し、少量の胡瓜やかぼちゃや、また、真瓜、林檎、蜜柑などを売っている。夏には、天秤棒をかついだ心太売りのアボジ（おじさん、父）がおり、繁盛し、客は美味そうに食べている。これらの店には立ち寄らないように諭されていた。

遊びの事は良く覚えているが、学校や勉強の事は意外に記憶に無いから不思議である。ただ、運よく手元にある通知表によると、教科は国民科（修身、国語）、理数科（算数）、体錬科（体操）、芸能科（音楽、図画、工作）、の四教科で、十点評価がしてある。また、興味深いことに、〝朝鮮教育ノ三大要項〟として、一．国体明徴（皇国臣民タル自覚ノ徹底）、二．内鮮一体（コノ信念確立）、三．忍苦鍛錬（鍛錬主義教育の徹底）などが記載されている。近所の児童で愛国班を組織する、毎月八日は愛国貯金などとあり、当時の時代背景がよくわかる。

過日、釜山を再訪した際、凡一町の自宅や近くの広場を探して貰った。しかし、町全体が変わったような感じで、何も分からない、路面電車は地下鉄に替わり、しばしば遊んだ川は覆い被されて道路となり、その下を流れているという。私が通学した並木道の見当はついたが、大きなポプラはなくなり、直径約十センチの小さいポプラに変わっている。しかし、彼方此方の道端で、特に釜山鎮市場に近い辺りでは、大きな荷物を積んだリヤカーが通り、露店もみられ、そこには僅かな果物や野菜を並べてあり、懐かしく思った。

私の通った国民学校は城南初等学校として存続していた。校舎は建て替わっていたが、大きな運動場や校庭にある大きな楠や藤の木は昔からのものに違いない。授業中であったが、ぶらんこと鉄棒をしてみる。遠くに浮雲が静かに流れ、校庭には藤の実が揺れ、カンナが咲いており、感慨深かった。

藤の実の揺るる校舎をもとほりぬ　　西岡みきを
口ずさむアリランの歌カンナ咲く　　〃

五．内地に帰る

戦局の実態を知らないわれわれは先生に連れられて、映画館に行き、画面いっぱいに現れる軍服姿の東条英機首相、その檄、華々しい戦果を見聞きし、胸をとどろかす。日常生活は特に変わりはなかった。気づかなかっただけかもしれないが。成績が上がったという理由で、母に連れられて妹や弟と一緒に大相撲を見物に行く。お相撲さんの大きい体に驚き、面子に出てくる有名な双葉山や弓取り式も見たし、また、焼きたての大きな厚焼きをたくさん食べた。

しかし、父はこの頃から、病気がちな母親のことを心配し、帰国することを考えていたらしい。帰国直前に、写真館で撮った家族写真がある。国民服を着た父と学生服を着た私は、大きな目をして、些かくたびれた顔をしている。

終戦前年の一九四四年三月、われわれは興安丸（七、七〇〇〇トン）に乗り込んで釜山を後にした。長い、暗い廊下を父に手をひかれ、大変な混雑の中を乗船する。船室で寝ていると、急に非常ベル（ブザー）がなり、大急ぎで救命着をつけて、急な階段を上甲板に駆け上がる。約一年前の乗船時にも同じ様な訓練があったが、子供心にも今回は身近に危険が及んだと感じ、その緊迫感と薄暗い海原の大きなうねりは忘れられない。この頃、関釜連絡船は潜水艦の攻撃をしばしば受け、これを回避するために、くの字型に航海するので、通常、八時間のところが十時間以上かかるという危険な旅だったらしい。下関に到着し、山陽本線に乗り、光市島田駅から黒いハイヤーで舗装のされていない凸凹道をゆられ、やっと祖母の待つ、父の生家に辿り着いた。父は後々まで「みんな無事に帰れてよかった」と話していた。

この故郷には、今も弟一家が住んでいるし、私はしばしば帰省する。馴染みの里山、島田川、千田植松郷が兄弟と共に、私を迎えてくれる。

六．小周防国民学校へ編入

一九四四年はサイパン島の陥落、東条内閣の退陣、と戦局が益々厳しくなる。

田舎では、隣リ近所までが遠く、遊びに行くにも、お使いに行くにも、また、三年生として編入した国民学校へも二キロと遠かった。

皆と一緒に、また、一年生の妹も連れて、登校した。同じ学校へ教頭として勤務していた父が自転車で悠々とわれわれを追い越して行くのを私は恨めしく眺めたものだ。

学校では、校門右手の奉安殿にお辞儀をしてから入る。元旦も祝祭日も登校し、ご真影を拝み、白手袋をはめた校長先生による教育勅語や祝辞を聞く。また、毎朝、朝礼があり、大本営発表による華々しい戦果が報告され、皇民体操が始まる。高等科の上級生の言動はきびきびとしており、恐る恐る眺める。われわれの間では、〝きちくべいえい〟、〝ぜいたくはてき〟、〝ほしがりません、勝つまでは〟、などなどの標語が飛び交う。そして知らぬ間に、軍歌を覚え歌う。その内、朝礼時に配属将校が参加するようになり、校長より強い権力を持つ人物として皆に怖がられていた。

四年時の通知票を見ると、誓詞として、〝私達ハ、心ヲ練リ体ヲ鍛へ心身ノ剛健ニ、互ニ親和シテと隣保協助ニ、至誠ヲモチテ一事慣行ニ努メマス〟、とあり、釜山の通知票のそれとは、大変異なっている。外地における教育のほうが皇国、皇民教育が徹底しているように思える。

転校生の私は、学校でじろじろと見られ、色白だったので、よそ者、朝鮮帰り、青びょうたんなど陰口をたたかれた。それ以来、夏になると出来るだけ日焼けし、また、生まれや朝鮮のことは話さないようにした。生意気だったと見えて、近所のかっちゃんという一級上の連中に学校帰りに待ち伏せされ、喧嘩を仕掛けられ、服も鞄もめちゃめちゃにされたことがあった。彼の父親は近隣の顔役で、後に村長をした人である。しかし、母は私を連れて、かっちゃんの家に出かけて、抗議したので、逆に、私は心配した。また、六年生の女生徒たちも数人で私を捕まえて、掃除道具を入れる小屋に閉じ込めようとしたり、しばしばいじめられたので、ポケットに剣の鍔や肥後守のナイフを忍ばせるようになる。しかし、一度も使ったことはなかった。その内、我が家にひろちゃん一家が疎開してきた。彼は、私より一つ年上、長身で、力強い味方だった。彼の父親は私の大叔父で、陸軍士官学校出身の軍人で、スマトラ方面の連隊長であった。

学校から帰れば、われわれは堤の近くや山裾の氏神様の広場で、〝チャンバラごっこ〟や〝進め〟と戦争ごっこに余念が無かった。しかし、田舎の村も戦時体制で、母らは防空頭巾をかぶり、もんぺ姿で、子供もつれて集会所で防空演習をした。わが家の地下にも防空壕が掘られ、黒い布で電燈を覆い、いわゆる、灯火管制が始まるなど、釜山ではみられないような不自由な生活だった。

七．終戦

一九四五年、防空頭巾を被って通学し、授業中にしばしば警戒警報のサイレンがなり、裏の小山に大急ぎで避難するなど、ものものしい雰囲気が漂い、戦争をより一層身近に感じた。われわれは〝わが国は勝つ〟、〝神風が吹く〟と信じ、〝勝ってくるぞと勇ましく〟、〝さらばラバウルよ〟、〝ここはお国の何百里、離れて遠い満州の〟、〝見よ東海の空あけて〟、〝月月火水木金金〟、〝誓って国を出たからにゃ、手柄立てずに死なりょうか〟と歌う。今なお、何かのときに、これらの軍歌が自然と口をついて出て、自分自身を鼓舞し、同時に安らぎを覚えるから不思議である。

夏休みが始まると、待っていたかのように、毎日、近くの島田川に出かける。準備体操もそこそこに、飛び込む。皆、越中フンドシである。川の流れの速い所や深い所に行かないようにと、学校からも注意されているが、時に、溺れかける子どもがいる。この話をすると、父は日本伝来の泳法と言う〝抜き手〟を教えてくれる。泳ぎに飽くと、魚をとる。岩場に顔を出している魚を潜って突く、浅瀬に追い込んで網ですくう、水路の流れの一部を変えて、ごり落しを作り、ごりをとる。獲れた魚は持って帰って食べる。父は潜り、流れに沿って下りながら、竹先の糸のついた針で鮎を引っ掛ける、しかし、子供には無理であった。大人達はまた、川を長い竿で叩き、鮎を浅瀬に追い込んで網ですくう、われわれは手伝って、取れた鮎のお裾分けを貰う。

鰻取りにも夢中になった。つぶした田螺を鰻取り用の魚籠に入れて、それを一夜、川岸につけておくと、朝、籠に鰻が入っている。家の前を流れる小川の岸の枝に、糸の先にミミズをつけた針を入れて待つと、鰻が食いつく。取れた魚は自分で捌き、夕食のおかずとなる。中学校に入る頃までは、近所の仲良しとあちらこちらに出かけ、魚とりをしたものだ。

八月十四日、いつものように泳いでいると、近くの西の上空にもうもうと黒煙が上り、家に飛んで帰った。光海軍工廠がやられたらしい、そして、武器、弾薬など軍需品製造工場群が約一時間の爆弾攻撃を受け、七百名以上の死者がでたと後に聞く。

翌日は、たいへん蒸し暑い日で、やはり、私は泳ぎに出かけた。臨時ニュースがあるので、昼までに帰るようにと父に言われて、早めに家に帰った。そして、ラジオの前で一同、正座していると、たいへん聞き取り難かったが、初めて聞く重々しい天皇陛下の声がラジオから確かに流れた。〝戦争は終った。負けたらしい〟という雰囲気は読み取れ、みんな口惜しさのためか、し〜んとしていた。私は訳もなく涙が流れたのを良く覚えているが、何を考え、何をしたかは全く記憶に無い。

八．時代は変わる

約四十三万人の占領軍がやってきたが、われわれの村では、まず見られなかった。

終戦前後から急激に食糧事情が悪化した。疎開者や復員者、引揚げ者で田舎にも人口が増えた上、敗戦による配給組織の混乱とこの年の凶作が食糧事情の悪化に輪をかけたらしい。復員、引揚者は約七百万人と聞く。

我が家でも、麦飯は良いほうで、薄いお粥やそれにさつま芋が入り、また、〝おじや〟であった。かぼちゃも芋も一生分と思える位よく食べたので、未だに、さつま芋とかぼちゃは苦手である。祖母の手製のうどん、父の手製のパン焼き器によるパン、重曹という膨らし粉の威力、重曹と砂糖で作るラムネ、砂糖で作るカルメラ、また、自分で焼いた煎餅らしき物などなど、今思えば懐かしい。

終戦後、わが国では民主化五大革命が着手され、特に農地改革は田舎に著しい変革をもたらす。我が家でも、祖母が祖先伝来の田畑がすべて他人に渡ると嘆いたが、残った一町歩（三千坪）で、農耕を始める。近所の人の助けを借りて、農作業をするが、父母もこのような仕事は初めてで大変だったと思う。長屋で牛を飼い、私はその餌の係りにされ、学校から帰ると弟も連れて、畦道の草を刈る。遊びたい盛りで、草刈を早く済まそうと慌てて、手を鎌で切ったりする。

その頃は何処の家でも鶏を飼っていた。鶏小屋には卵をねらって青大将がよく出没し、卵を飲み込んだ大きな腹をした蛇には石をなげつけた。

父はウサギ、さらには山羊を貰ってくる。山羊の乳絞りを手伝うが、小学生の私では力不足で、うまく出来ない。しかし、山羊小屋の中で、格闘して、大きく張った乳房から乳を搾る。ざーざーという鍋にたまる音を今も、良く、覚えている。山羊乳はもっぱら祖母が飲んでいた。さらに、父は納屋の二階で蚕を飼い始める。昔は飼っていたようで、必要なものは揃っており、桑の木も近所に幾らでもあり、収入も上がると考えたのであろう。梅雨時分には蚕が太り、桑の葉をたくさん食べる、雨にぬれた葉は蚕に害があると言うので、水分を丁寧に拭く、これらは、しばしば私ら兄弟の仕事でたいへんだった。これらの父の思いつきは二―三年後には終わった様に思う。

例年通り、九月には二学期が始まり、学校へ行く。何時ものように授業が始まり、教室内外を掃除し、授業を受け、そして、遊んだように思う。〝戦争の終結〟を口に出す者はなかった。ただ、先生の指導によって、教科書のあちこちを筆で黒く塗り、消した。これを良く覚えているのは、その行為に疑問をもったからであろう。国民主権の国民に相応しい教育が始まるわけだが、四年生にはまだ理解できなかった。翌年は新聞大の印刷物が配られ、切り合わせて教科書にする。また、配布された教科書は薄く、紙も弱く、もろかった。また、一九四七年、公布された教育基準法をもとに、六・三・三制度となり、国民学校は小学校となる。

終戦前から、学校には疎開者の子が増え、また、終戦後は引揚者の子供が増えて、私たちのクラスでも二割以上は増え、妹や弟達の学年はそれぞれ、二クラスになったように思う。われわれのクラスでも活気を帯び、特に疎開者の子弟の身なりは垢抜けており、勉強も良く出来て、学芸会で主役をつとめた。女子の名前は小田、手塚、岡村、守田などなど顔と共に今でも思い出すが、男子については、どうも、うろ覚えである。

彼等の多くは一―二年後には、もとの町に帰り、いなくなったが、隣部落に住む山本君とは因縁が深い。彼は広島からの疎開で、父親が戦死したと聞いた。本好きで、彼の家に遊びに行くとたくさんの本があり、私が買ってもらえない少年倶楽部も持っていた。〝のらくろ〟も読めた。彼は気前よく、どの本でも貸してくれる。私は父に〝漫画は読むと馬鹿になる〟と云われて、源頼朝、義経、織田信長などの伝記物ばかり読まされていたので、猿飛佐助や霧隠才蔵などの忍者物や孫悟空などに夢中になった。後に、彼は広島大学文学部を卒業し、高校の歴史の先生となり、現在、よく知られた郷土史家である。

この頃になると、大変好きだった面子遊びが野球にかわる。野球は誰にならったか忘れたが、三角ベースで、また、ルールも自分達で決めて遊んだ。最初は我が家の庭で始めたが、その内、メンバーが増えて、稲刈りのすんだ田圃が野球場となった。ボールもグローブもバットも手製のものが多い。時々、隣の部落と試合をするが、この時だけは皮のグローブを使い、父の持つ硬式テニスボールを使用する。田んぼがぬかるみ、みんな泥だらけで、夢中になった。此処三十年間は、田んぼで遊んだり、凧あげや野球をする子など見かけない。また、この地域も高齢化がすすみ、私の頃は二十人以上いた小学生も今は一名か二名と聞いて驚く。

我が家では、父が遠方の学校に勤めたので、男手が足りない。近所の人手を頼りにしているので、田植えも、草取りも周囲の農家に比べて遅くなり、稲の生育も、米の収穫も悪い。稲穂の中に稗が混じり、あそこでは稗ばかり作ると言う話が耳に入る。長男として私は大変腹立たしく思い、翌年から梅雨時分の田圃の草取り、水廻り、さらには、近所の人に混じって、我が家の稲刈り、脱穀なども本気で手伝う。この頃は、何処の子も農作業を手伝ったが、私はどの子より多く、長く、手伝ったと自負している。

冬休みや春休みは父と一緒に山へ行き、山の状態やその境を見てまわり、同時に、樹に取り付いている蔓を切る。既に乾してある薪、柴、また、松葉を集め、これらを猫車にいっぱいに積んで自宅に運ぶ。これは農閑期の重要な仕事である。薪割りはスカッとして、気持ちの良い仕事であった。

また、裏庭にある二本の大きな銀杏の木にはたくさんの実がなる。銀杏の臭い皮を取るのは大変だが、友達を呼んできて実を集め、皆にも分けたものだ。又、栗畑で仲間と一緒にイガをとったりと山の作業もいろいろとした。

私の子ども時代を思うとき、他の子も同じと思うのだが、子供の体にとってかなりの労働を辛いと思った事はなく、手伝ったものだ。私は長男として頼られていると思うと、嬉しかった。やれば出来る、やれば片付く、やれば成果が出る、と子供心に気づいた事はよい経験だった。

生徒の本分である学業や授業のことは、この頃も、意外に記憶が無い。校長先生や受け持ちの先生は覚えている。運動会は騎馬戦、徒競走、障害物競走など激しい競争は面白かった。われわれ兄弟は三名とも、徒競走が得意で、皆、一等賞のノートを貰った。また、運動会には、近隣の六、七の学校に出かけ、それぞれ学校の代表選手が自分の学校の名誉をかけて走ったものだ。

六年生になると、私の新制中学校への進学のことがしばしば話題となった。学制が変わり出来上がったばかりの村の中学より、少し遠方だが、私立高等学校の付属中学校にするか親は迷ったようだ。私は、友達のいる近くの中学の方が良いと思っていたが、結局は付属中学校に行くことになる。

この年、三月下旬には、講堂で、校長先生から一人ずつ卒業証書を貰い、〝仰げば尊し〟を皆で神妙に歌い、〝蛍の光〟を聞く。何処からかすすり泣く声が聞こえた。次いで、裁縫室で畳に座り、茶話会があった。このとき初めて、皆と別れるのが寂しかった。

おわりに

遠い記憶を辿り、残されたものや写真などを頼りに、子供の頃の事を一気に書き上げた。昭和十一年、軍部が政権に多大な影響力をもつ契機となった二・二六事件の年に、釜山と言う外地に生まれ、軍国少年として育ち、太平洋戦争終結の一年半前に興安丸で内地に帰国した。そして、戦局の劣勢にともない、B29の爆撃を間近に見、終戦を迎え、さらに、戦後の混乱を経験した軍国少年の昭和の証言といえよう。何しろ六十年以上前の回想であり、正確さが要求されると、欠落もあり、また、客観性に乏しい所もある。書きたい事を好きなように書いた自分史といえなくもない。その後についてはいずれかの機会に書きたいと思う。

昭和わたしの証言

吉峰　泰夫

I　京城桜井小学校時代

桜井小学校校歌の想い出

昭和二年に入学した私は小学校のことを思い出すと、すぐ頭に浮かぶのは、「昭和　昭和　昭和の子供よ　僕達は」の歌だ。何かの式典の日（例えば、紀元節、天長節など）、講堂で「君が代」のあとで歌う歌があった。上級生が歌うのになぞらえて意味の分からぬままに歌っていたのだったが、それが校歌だった。たしか四年生になった頃、先生がこの歌の意味を教えてくれたのだが、分かったようで分からないままだったと思う。忠、孝、仁、義、礼、智、信の儒学の時代であったので、意味を解しなくても一応覚える、何遍も繰り返し教えられてゆくうちにだんだん年とともに分かり理解してくるという教育の時代であった。

＊　＊　＊

式典の日は、授業は休みだったが、学校が招待する来賓の方々と職員生徒全員が朝九時までに講堂に集まった。校長先生が紫色の布に包んだ箱を黒漆のお盆に入れて、頭の上に掲げながら運んできて講堂の正面の天皇、皇后両陛下の御真影の入れてある開けた開き戸の中に置き、謹んでその中の巻き物を取り上げて、それを両手で肩の上に差し上げて頭を下げそして読み始める。それと同時に先生も生徒も、来賓の方々も頭を下げる。「朕《ちん》　惟《おも》フニ我《わ》ガ　皇祖《こうそ》　高宗《こうそう》　国ヲ肇《はじ》ムルコト……」と、教育勅語が読み始められる。その時いつも頭の中でどこまで覚えているのかなと言葉のあとを頭の中で追っていた。

この時は静かにして咳一つしてはいけないと教えられていたので、いつも心は緊張していたことを思い出すし、また一年の時から意味の分からないまま、この教育勅語の全文を暗記させられた。教育勅語の意味は、たしか、五年になった折の修身の時間に詳しく教えられたものと思う。

陛下の御真影と教育勅語等は常には学校の正門を通って右側、学校玄関より見ては左側の奉安殿の中に安置されていて、奉安殿の前を通る時は、一礼するようにと教えられていた。この講堂での式典ののち、教室に帰り、そこで紅白の落雁菓子が配られた。いつもこのお菓子を頂くのが子供の頃の楽しみであった。

桜井小学校ではその奉安殿の坂下の方に二宮尊徳の、薪を担いで本を読みながら歩いている姿の銅像があった。この二宮尊徳を当時の小学生は最も尊い、真似るべき立派な人間像として教えられていた。

組担任の渡部集先生

三年になって、担任が渡部集先生になった。また家の経済も少しは楽になったのか、大和町三丁目の新しく立てられた二階建ての家に移った。今までと違って塀のある家で、かなり広い庭があり、その向こうに野菜畑や、鶏小屋もあった。あまりにも静かで、遊ぶ相手もなく、遊ぶものもない。「少年倶楽部」等、読書に夢中になったのはこの頃からだと思う。

渡部先生は、師範学校を卒業して、小学校の訓導として赴任し、初めて私たちを教えてくれた由であった。話し易い感じの先生で、三年忠組であった。それから卒業するまで担任をしていただいた。背はやや低かったが、ロイド眼鏡をかけスマートな品のある紳士という印象だったと、今から偲べばそんな感じがする。お宅は大和町二丁目、ちょうど帰り道を、少し横道に入った所にあった。時に、先生のお使いで書類を持って、帰りに立ち寄ると若い綺麗な奥さんが留守をしていた。いつだったか、家の鶏が二つ黄味の大きな卵をうんだ。皆が珍しい、というので、それなら先生に上げたいと母に言うと、大小いろいろ、箱に籾殻《もみがら》と一緒に入れてくれた。走りながら持って行って、先生の奥さんの笑って喜んでくれた顔が印象的で、今なお忘れられない。

＊　＊　＊

渡部集先生担任の忠組に、私の生涯にわたる親友となった、中村正信君がいた。四年のたしか二学期早々、私は流行性結膜炎？　に冒され、両側とも開眼できず、約一カ月通院治療、眼帯で目の見えない生活を続け全く本も読めなかった。やっと治って学校に行き、遅れを取り戻さないといけないという気持ちが出たためか、急に勉強の芽が開いたように成績が向上し、すでに学業、体育ともに優等であった中村君と肩を並べるようになった。

六年生の五月、帰国することになった。中村君が一番別れを惜しんでいたと、あとで聞かされた。転校先は高松のやや中心を離れた東浜小であった（戦災で焼け、この学校は戦後なくなった）。転校してすぐ一学期の中間テストがあった。桜井小での教育指導が早かったためか、約二週間の余白も大して影響なく、かなり優秀だったたようで、二、三学期は断然トップに躍り出て、在校一年足らずの生徒が、六年間の生徒を代表して答辞を読み（職員会議でかなり問題になったのだと卒業して挨拶に行った時、担任の先生から聞かされた）、かつ、市長賞を受ける破目となった。渡部先生の三年よりの好指導と、中村君という好目標があったためだと思う。

Ⅱ　京城公立中学校時代

転校と「病葉」の追憶

高松中学で、二年を終了した三月、再び家庭の都合で親父が赴任している朝鮮の京城、現在の韓国ソウルに着いた。早速、朝鮮一と自負されている京城中学に転校の手続きに行った。小生としては名門高松中学からの転校だから手続きだけで文句はあるまいとタカをくくっていたが、手続き中に事務員の曰《いわ》く、「京城中学は全国はもちろん、朝鮮全体からも優秀なのが集まるので、簡単には入れませんぞ、三年の転入希望は二十四名、欠員は三名ですので、一週間後の三月末、転入試験をします。科目は英数国漢、問題は京中二年で使用した教科書から出題されるはずです」と。

長い旅路でホッとし、久し振りの珍しい異国的な京城を休みの間に見物でもしてやろうと思っていた矢先だったので、再び入試が面前に迫りゾッとした。帰途、校庭に出て見れば、白亜の鉄筋コンクリート二階建ての堂々たる校舎がいかにも大きく見えた。古色蒼然とした高中の木製の校舎を中学と考えていた小生には、校庭の中に裏山があり、校庭も上、中、下、と運動場があるとてつもなく広い校舎を眺めて、これじゃ家族と別れてまた高松に戻り復学させてもらわねばならんかと、いささか恐れをなしたが、「高中の生徒が京中に落ちた」となれば、名門高中の恥だと考えなおし、小学校時の友人、中村正信君に頼んで京中二年の教科書を借りてきて、約一週間、遮二無二に勉強した。

故郷をはなれて故郷を想うと言われるが、高中を離れていわゆる高中魂がよみがえったのだと今でも思い出している。頑張ったおかげで転入試験は優秀な成績であったと後から教えられたが、そこの教科書で勉強したのだから当たり前のことではあった。入ってしまえば、高中時代と同様、サボリ根性が抜けず、優等生じゃろうと人には言われながら、依然と変わらずに卒業してしまった。

転校してしばらくは友人がなく、やはり転校してきた

A君と、心慰むこととて数人で小説のようなものを書き、お互いにガリバンに刷って冊子をつくり同好冊子として二〜三回発行した。家が終戦引揚げのためもうこれは跡形もないが、当時は新聞記者を希望していたことを思い出す。その後、数々の友人ができ、約十人余で「鉄腕倶楽部」という、硬派と自称するグループをつくり、よく遊び、よく学んだ。今でこそ鉄腕アトムとかいう漫画があるようだが、四十年前の中学生で、よく「鉄腕倶楽部」という名前をつけたものだと思う。

わが受験時代の想い出

最近の受験情報やその状況、経過を見聞きしていると、まことに複雑きわまりなく、むしろ乱倫という気さえして、大変な時代だなあと思う。

想えば（昔）戦前は、入試そのものが単純であった。また数年前より大いに問題視されている中学の内申書の問題も、当時は内申書という言葉すらなかったように思う。

戦前の旧制高校は、何はともあれ、本番の一本勝負のみであった。出題はそれぞれ学校によって違ったが、全高校、全国同一日に実施されたので、二校をかけもって受験することはできなかった。（北海道帝国大学と京城帝国大学の予科だけは、期日は別であったが。）

だから、単純なるが故に、運というものがあるならば、運もつきまとったと言えるかもしれない。試験前に発病でもすれば、二次とか後期とかはなかったので、一年間はもうお仕舞いであった。しかし、その単純さ故に、何らかの社会的問題等をおこすことはなかったと思う。

＊　＊　＊

当時の旧制高校は、理科（甲—英語、乙—独語）、文科（甲—英語、乙—独語、丙—仏語）とクラスがあり、各クラスとも三十名であったので、どこの高校も理科は十倍は超え、文科も十倍に近かった。まさしく難関であった。

私の卒業した京城中学は（現ソウル第一高校）質実剛健を校是とする学校で華美をさけ質素で、服装などを含めて生活態度そのものも厳重であった。

当時の中学で流行したセーラーズボン、いわゆる裾幅の広いズボンだが、校庭に一列に並ばされて、教師が一人一人の裾をしらべ、長い者は一歩前に出されて叩かれた。今でいうビンタであろうが、それでも生徒は神妙に、すなおに頭を下げ説教を聞き、誰も文句は言わなかった。そういうようなことが、時々非常呼集として行われた。

また、当時生徒間に硬派、軟派という流れが隠然とあった。当時女学生とは、たとえ姉妹でも一緒に歩くという同一行動は許されないという環境、校風であったが、陰では何かと女学生にあこがれる雰囲気をもつ連中を軟派として話し合っていた。

私は、表向き、「我らは硬派である」と主張する連中十余名で、〝鉄腕倶楽部〟というグループをつくり、部活以外に、休日などに集まっては草野球をしたり、キャンプに行ったり、雨の日には麻雀か、駄弁ったりしていたが、他のグループの連中に比べて、皆成績がよかった。「よく遊び、よく学べ！」をモットーとしながら、時には誰かの家にひそかに集まって内緒で酒をなめたり、煙草をふかしたり、大人の真似ごとをして喜んでいたが、皆夜は家で黙って必死に勉強していた。そして皆が、高校の白線にあこがれ、うす汚れた手拭を腰にかけ、弊衣破帽、高下駄をならして闊歩する長髪の姿を夢みていた。これこそ質実剛健の範であると思っていた。

四年生の冬の正月、私の家に連中が集まって、母親に無理を言って、ブドー酒や酒に手をつけ、意気軒昂と勢い余って、当時禁止されていた映画館に、帽子を制服の中にかくして入った。今でも忘れられないが、山路文子主演の「急行列車」という映画であった。滅多に見られない映画であったので、皆興奮感激して「アーヨカッタ、ヨカッタ」と話し合いながら館を出て歩いていると、後方から「オイオイ」と肩を叩かれた。「ナンダ！」と振り向くと、当時各学校に共通してあった教護連盟の先生であった。翌朝、教員室に呼び出され集められて大いに説教された。成績は皆よかったので、操行甲が丙になるところであったが乙下になった。甲が乙下になったので、成績は優秀でありながら、優等生よりはずされてしまったが、誰も後悔はしなかった。昨今の流儀に従えば、内申書で不合格にされるということかもしれない。がちょうどその頃の十代後半の年頃は大人の真似をしてみたい、大人の顔をしてみたいという人生の素描期だと思う。皆成人しては、立派な人格をもつ人間となっている。内申書のみで将来を左右し得ることはやはり問題であり、早計すぎると思う。学生時代、真面目そのものの人が、大人になって過ちをおこさないとは限らない。教育はやはり幅のある広いゆとりのあるものでないと困るなあと思ったりする。

＊　＊　＊

入試試験が近づいてくると、今でもそうであろうが、当時の一発勝負の時代では、病気でもしたらどうなるのだろうか、という不安が頭をもたげ心につきまとうようになるものだ。あの当時、入学試験を生徒たちは「聖戦」と呼んでいた。社会的にも人間的にも汚れの面の全くない、自分一人の力の戦であるからであった。この聖戦に参加できなければ、落武者として一年浪人という憂き目をみなければならないのだ。

試験が近づくにつれて、私にも一つの不安が襲ってきた。それは兄貴の経緯を思い出したからである。成績優秀、操行甲で優等生として表彰をうけ卒業した兄が、当時鮮満では最高学府とされていた旅順工科大学に、学科試験でパスしながら次の身体検査で、元気で何の自覚症状もなかったのに肺結核の診断をうけ入学停止され、浪人となり三年間の臥床の生活を余儀なくされたという悲しい経緯を目《ま》の当たりに知っていたからである。

ヒョッとして発病し、試験を受けられなくなったとしたら自分はどうなるだろう、どうするだろうか、と思いだすと頭にしみつきはなれず、寝られない夜を過ごすようになった。どうせ寝られないのであれば、それなりに思い切って、思うこと、感ずること、すべて書きまくってみてやれ、という気持ちになり筆を執った。この短編を読んでいただいた国語の佐々先生（京中の先輩で、東大文学部卒の若い俊秀といわれ最も尊敬されていた）が、「病葉《わくらば》」と題名をつけてくださった。

＊　＊　＊

京城での子供時代より「ヤスオちゃん」と呼んで特に優しかった父の直上司の方から、「泰夫君がもう高校を受けるようになったのか、早いもんだね、高校が私のすぐ近くにあるので、是非世話したい。こちらにくるよう説得されたい」との書面があり、退職後、広島に隠居して悠々自適の方であり、親父に慫慂《しょうよう》もだし難く、広島高に決めたわけであった。当時はホテルなどなく、旅館を探すのにも一苦労する時代であった。母と親しい方の息子で同級生の中川秋雄君と一緒に二人でお世話していただくことになった。京城から汽車、関釜連絡船、汽車と一日半かかる。尋ねて行ったそのお宅は立派な門構えの奥に玄関のある格式高い所で、礼儀正しく迎えられた。何事もすべて女中さんが世話してくださり、散歩に出るにも、玄関で「行ッテイラッシャイマセ」と手をついて送り出される状態で「マイッタナ」と二人で言いながらあてがわれた二階の座敷で、寝起きしたが、三度三度の食事も隣の部屋に呼ばれてゆき、女中さんの見守るなかで、礼儀正しくかしこまっての生活となった。旅の疲れか、部屋が変わったためか寝つかれず、翌日薬屋で睡眠薬を求め何とか試験の三日間を過ごしたが、試験前日から、颯爽とした気分になれず「マイッタ、マイッタ」と呟《つぶや》いていた。

京中より広高を受験したのは浪人を含めて総勢二十三人であった。時間待ちの校庭でそれぞれ集まっているグループをみて「アレが名門神戸一中だ」とか「アレが広島一中だ」と先輩に聞かされ、いささか身震いを感じ、やはり「朝鮮の京中」では通らんな、「カナワンノカナ」と話し合ったことを覚えている。

結局合格したのは、その方の家で、鄭重に扱っていただいた現役の、がさつな私たち二人だけだった。そのことを大変喜ばれて、後日わざわざ寮にまでお越しになり、お祝いを頂き、近いからたびたび遊びにいらっしゃい、とのお誘いをうけながら、その礼儀正しさに窮屈を感じ、弊衣破帽では伺い難く、ついぞ、お礼に参上しなかった。今想い出してみてまことに慚愧《ざんき》の極みである。翌年、突然逝去された時には、姿をただして弔慰を表しお参りしたが、珍しく神道であった。

＊　＊　＊

高校に入ってから、弊衣破帽とともに、書を読み、人と語り合う（当時駄弁《だべ》ると言った）ことの楽しさを覚えた。そして人生とは何ぞやと種々の本を読みあさり、解《わか》りもしない西田哲学の書をかじり、そのかじりつくことに一つの誇りを感じていたようだ。学校の成績を問題にする者などほとんどなく、何か他事《ほかごと》に熱中して、むしろ低空飛行（成績の悪いこと）を賛美する雰囲気があり、若々しい気安さがあった。

私たちがかつて聖戦と名づけたいわゆる受験戦争は、現今は試験問題に対する回答技術を身につけるための塾の勉強に明け暮れる生活となっている。今でも大切なことはその後にくる若人の欲求が、入学して後の授業という単なる智識の羅列の記憶ではなく、自分で知識、思索、行動を新しく求める原動力となるべき感性を養うことだと思う。

想えば、昔よりある常識を否定してでも、憧憬するものに対して感性を求め、夜を徹してでも熱っぽく語り合う時間を持ち得たことは、旧制高校の醍醐味《だいごみ》であったと思う。

精神は、先天的要因の大小はあっても、知性と感性とのよりよきバランスの上で、よく機能するものだと、井口潔先生（九大名誉教授）は書かれている。

昔の受験はたしかに単純ではあったが、若いうずうずしていている脳内ニューロン回路をそれぞれ興奮させてくれていたと思う。

偏差値という尺度で、若い世代のニューロンを、小さい型に押し込めてしまう教育には永久に問題を残すように思えてならない。

Ⅲ　旧制広島高等学校時代

わが青春の譜

『只、高等学校の生活、その質実剛健なる弊衣破帽、あの傍若無人なる長髪の香、そのものに対して功利的な理屈なしに、恍惚となり夜中まで夢をみ、憧憬《あこが》れるその若人らしい無邪気さに満ち溢れて、生存の歓喜を余りにも露骨に発散させている酒顔の我等青年は……』

これは昭和十二年、理乙のクラス雑誌「もざいく」への私の投稿の一節である。

○長髪憧憬の時代

その高校受験の頃、さまざまな憧憬《あこがれ》に夢みるのが青春であるならば、次のことも忘れ難い一齣である。

田舎くさい高松より、当時の新興都市京城に移った中学三年の時、隣家との板塀越しに「ママちょっと来て」という澄んだ甘い声に思わず板塀の節穴を探して覗きこんだ時のその動悸が、一つのあこがれとなっていつまでも続いていた中学五年になったある日の夕方、何の気なしに二階の窓をあけ、ふと隣の庭に目がいった時、夕日に映ゆる黒髪が目についた。窓の音でか、ハッとこちらを向き無心にニコッと挨拶する笑顔が目に入った。その瞬間、待ちに待った時が思わず訪れたような喜びと驚きの交錯した動悸が激しく胸をうった。

あかあかと　夕陽照り映《ゆうひてりは》ゆ　黒髪の
　おさげの汝《きみ》が　笑《え》みしたまゆら

当時隣り同士とはいえ、中学生と女学生の規律はきびしく、並んで散歩することすら一つの冒険であった。白線帽子を被《かぶ》れば彼女に会えるぞという鉄腕連中の冗談を真《ま》にうけて、鉢巻きをして受験勉強に頑張ったのも事実である。

広高の薫風寮に入ったのは、六寮二階の第一室であった。入口が同じである十九号室に文乙の西本松治君がいた。中学の四年生より入学したという眉目秀麗な秀才ぶらない恬淡《てんたん》とした大阪っ子は、ギターを弾き歌い、メッチェン（ドイツ語で乙女の意）に気をもたせる男だなと思わせたのが初顔合わせの時であった。私の部屋で青春とは、と駄弁っている時、彼はいきなり筆で大きく、「青年よ、恋をせよ、チョコレートの如き甘き恋を！」と木製の戸に書きなぐった。その書かれた板障子はその一枚だけが修理されて真新しかったので特に人目をひいた。俺だったら「燃える如き紅き恋を」と書くなあと密かに思ったが、その後新しい友人が部屋を尋ねて来る度に気がひけて仕方なかった。

入学して学校や寮で先輩に長髪が少ないのにやや失望した。その前年落第を覚悟で、傍若無人勇敢なる振舞のあった長髪族数名が、成績点数が満たず、退学処分を受けたと聞いた。惜しい！　と思い、かつ辟易しながらやはり長髪に憧れ、入学してより散髪にゆかず服も洗わず白線もコーヒーと砂で汚し破帽をもって夏休みを迎えた。夏休みには鉄腕の連中が集って高校の寮生活を語り、飲み、その時の浪人を励ますことになっていたのだった。意気揚々と京城の家に帰ったが、ちょうどその年の七月七日、盧溝橋事件がおこり支那事変が始まった月で、折悪しく兄貴が臨時召集されて軍隊に入っていた。そのことや親父の小言よりも、隣のあこがれの娘が妹に言ったらしい言葉「泰夫兄さんは不良になったんじゃないかしら」が胸に痛くひびいて困惑躊躇し、ついに白線で会える機会を逸した。

二学期より誘われて漕艇部に入った。ここには自由奔放を認め合える友情と親密さ、大らかさがあった。ときに学校はさぼってもバック台練習は欠かさない破天荒を青春の心意気と考えたが、指導教官の渡辺清彦先生に見つかってよく詰問された。練習が済み夜になると、黒い羽織に白の羽織の紐を長く頭の後ろに回し白袴をはき木刀をもって比治山を散策、蛮声を張りあげて寮歌を放吟し、寮歌こそ青春の泉であると、歌っては青春の喜びを自覚し、吟じては共に青春の悩みを流すのだと叫んでいた。

その年の寮記念祭には、何か変わった歌を歌ってやろうと比治山を歩き、自ら考えて、「広高もしもし節」をつくり披露した。山尾生徒課長ら先生の前で歌い得意然としていた。

「もしもし広高の先生よ　世界の中《うち》で先生ほど
そんなに野暮な者はない　どうしてそんなに野暮なのか
何をいうか生徒達　そんなら生徒お前達が
文部省の親父《おやぢ》に聞いてみろ　野暮でいかんとは言ってない
こいつは一本参ったな　そんなら先生もう一度
文部省の親父に聞いてみろ　野暮でいいとも言ってない」

金の無い時は〝新月〟で飲んで付けてもらい、比治山を逍遥しては、八丁堀に下り一杯やるか、時にはおとなしく〝ムシカ〟で古典音楽を聞くか、〝森永〟でコーヒーを飲む。

前記の西本君、野球の浜崎義治君（逝去）、卓球の原信雄君（ついに卒業せず、今頃どうしているのかなあ！）らとよく通ったものだ。時に柔道の宮野伸三君（逝去）や就球の平野和人君（逝去）などｅｔｃ。

長髪族に理甲の橋本高夫君や原克郎君もいた。その後長髪も立派になった頃、ベーブ（鈴木政利先生の綽名《あだな》、逝去）より散髪代が惜しいのだろうと五十銭？　くれたと言ってきた。どうしよう、まだいいや、切る時は一緒に切ろうと話し合った。

その冬、琴平、屋島に寮生旅行があった。屋島登山口で皆と別れ、背中が破れ下着の見える色の変わったうすら汚れた上衣に、これまた破れた帽子、マントを着て得意然と伯父の家に立ち寄ったところ、破れたのを繕《つくろ》ってくれる人もないのは可哀そうに、と言って、伯母が拒《こば》む私の上衣や帽子を取り、せっせと縫ってくれた。が、長髪には頭を洗いなさいよと言っただけだった。

○自治慟哭の時代

冬の寮生活は楽しかった。比治山も寒い。したがって夜、共どもに駄弁っては深夜を迎える。寮の先輩らと、人間について、青春について、自由自治等、語り合ってゆくなかに、お互いに離れ難い友情と、今後の寮を我らで担おうという意気込みを叩きこまれた。寮の自治とは、綱領とは、を話し合っているうちに、三学期よりそれぞれの委員に選ばれた浜崎、原、三谷昇君らと、他校の寮を見学し、自治綱領等について論争、意見交換をしてこようと、静高、一高、浦高の寮を訪れた。一高はすでに駒場の農大跡に移っており、大きな鉄筋の寮では、ストームも弊衣破帽も泣くなあと話しながら、他寮の実情を見て、薫風寮ここにありという認識を高め、学ぶべきものは学んだという気持ちで帰ってきた。あの時、なぜ関東を選んだのか記憶にはないが、中国、四国、九州では我らと大同小異であると考えたからであろう。さすれば関東は、いささか進歩性があると考えたからだったのだろうか。

この昭和十二年冬から十三年にかけては、支那事変の南京占領（いわゆる大虐殺事件？）や山川均、加藤勘十らの人民戦線の大量検挙があった頃であった。

三月の春休み、ボート部の合宿で、下前陽三先輩や、谷口竜雄君（逝去）、一柳正夫君、住友隆富君（逝去）らと、臀部の皮が剥けるまで体力を使い果たした練習のあとの風呂の中快感、若さを味わった。

翌年春休み前、寮の次期総務の選挙があり、浜崎君が当選したが、頑固に固辞したため次点の小生に回ってきた。浜崎とは、常に行動を共にしてきた仲なので、彼の希望を受け入れたのだが、「総務と運動部とを兼任すれば留年（落第）は確実というしきたりがあるぞ」と嚇《おど》かされながら、ひき受けざるを得なかった。

四月の初め、新寮生が入ってくるのに際して、他校で話し合った寮の自治の認識と誇りを、さらにこの激動の時代における高校生活の自由を、考えて身につけるべきと、寮玄関の敷居の上に貼り出すために約二間半にわたる檄《げき》を密かに徹夜して書き上げた。

「時代の変遷は、実社会の変革とともに我等の生活にも襲ってきている。が我等高校生の持つ理想は、嘗《かつ》て以上に没時代的に節操を持ちつづけねばならない。嘗てのストームが、弊衣破帽が、長髪がそのまま踏襲されるべきだとは考えていない。が其れ等の意味してきた内的根拠が葬り去られ、それ等がもたらした外的形式のみを余りにも過悪に批判されるのが口惜しいのだ。社会の指導者としての将来を背負わされた我等が、社会を無視してならないことは当然のことだ。それ故に尚更高校時代における個性完成を、個に対する自覚を重視したいのだ。過渡期にある未完成な我等は、清純なる理想と個々の情熱に、他人の干渉を受けずに生命を投げ出すべきであろう。」

何かそのようなことを書き、強調したように思う。これは他高校の寮でのディスカッションにおいて話し合ったことであった。

早朝、玄関に張り出して部屋に帰ってきた途端、前総務に呼び出された。生徒課の認印がないから掲示してはならないという。別に思想的なことも書いてないし、結論は自治を護るために綱領を守ろうということだから生徒課の認印はなくてもよい、私が責任を持つから目をつむっていて下さいと頼んだが、それはかえって生徒課に口実を与えることになると剥がされた。糊で貼ってあるために部分的に破れ損なってしまった。書き直して生徒課の認印をうけるようにと再び念をおされても、我々寮生は生徒課の従僕ではないと思い詰め、もう私にその熱意はなく、部屋に持ち帰って破り捨てた。昭和十三年春四月初め、私の総務としてのもたつきの最初であった。

早朝であったので読んだ人はおそらくあまりなかったろうと思う。この事を嘆きながら話したのは浜崎君だけにであった。

他校に比して広高では、終結のない事変拡大のために宇品港に向かう出征兵士が校門前道路をたびたび通る現実を見ては、理想は程遠く離れてゆく寂寞の情に堪え切れない時でもあった。

その後、総務として生徒課にたびたび呼び出され、当時の山尾政治、森義孝先生に種々と指示や注意を与えられたが、自由は放縦ではないと考えていた。

総務の仕事とボートの練習と、さらに若さの、青春の、と逍遥し歌い飲み踊り語りの明け暮れのなか、インターハイを目前にした一学期の試験の二日目、突然四十度の発熱に倒れた。試験終了後の夏休み、インターハイに、また郷里へと寮生がいなくなり空虚になった寮に約一週間臥床し、敗残寂寥の涙を味わった。

○従順凡庸の時代

この昭和十三年には国家総動員法が公布され、灯火管制が規制化されている。二学期が始まって身体的にもまた精神的にも右顧左眄《うこさべん》しているうちに、寮の記念祭を迎えた。

記念祭には、時局柄、開放するが装飾展示はしない代わりに、古材だけを使いますからと申し出、校庭でのファイヤーストームの許可を山尾生徒課長から頂いた。ところが古材に石油をかけて火をつけたので、寮の二階の屋根よりも高く燃え上がり、寮歌で皆がストームに満喫陶酔している時、消防車が二台火災と間違えてやってきた。生徒課より「君は約束を破った」と言われた。私は朝まで石油の使用を知らなかったが、責任者として責任をとりますと始末書を書いた。

その頃から私の身体と精神のバランスが崩れだした。全身全霊をぶつけてゆくという今までの闘志も、自由のためだ自治のためだという熱意も、漸次食欲がなくなるとともに消え失せていった。最近調子が悪くて何もしたくないという私の知らせに、何が何でも一応寮を出なさいという親父の強要が、浜崎君にも要請として届けられ、総務を辞退し寮を出る決心をせざるを得なかった。張りつめていた気力が天井より溝に落ち、理想も希望も失ったかという不安と絶望感が私の身も心も苛《さいな》んだようだ。総務代行として最後に文甲の崎田邦介君が受けもってくれたと後から聞いた。

寮を出てからの私は、苛立ちと孤独に襲われたようだ。昭和十三年冬の「もざいく」第二号に「筆の動くままに」と題して書いている。「これも運命か」とか、「あ、いやだいやだ！　俺はもう生きたくない」「これが俺の姿か」という言葉がでてくる。

『俺は孤独を愛する、真の自己の価値は孤独によってのみ知り得るんだ、多くの友と語り、多くの個性に接することによって自己を知るんだ、自己の個性をのばすんだ、と心に思いはしたものの、友は一体俺に何を与えてくれたろうか。俺は多くのことを友によって知り覚《さと》り得たが、同時に又孤独への愛慕をも得たに違いない。俺は一人で自己の生活を生かし一人で本当の自己を凝視したい。俺は今迄友を通じての自己しか見つめ得なかった。それが俺には苦痛となった。自分が友や他人の前で、真の自己に非ざる自己を見付け出した時、無限の寂寞よりもむしろ自己に対して余りある憎悪をさえ感じるのだ……真の自己を認めるんだと心の中で絶叫しながらも、それでいて孤独の境地に立った時、俺の悟ったことは自己の無能と幻滅の悲哀でしかなかった。自己に対して又人生に対して空虚な嫌悪の念でしかなかった……。

俺はフラフラと放浪《さまよ》い歩いた。然し絶えず大きな空虚が周囲を取り巻いている気がしてならなかった。……』

十二月、雨のしとしとと降る汽車の窓にうつる広島の夜景を涙ながらに眺めながら、学校の試験をうちきって高松の伯父の家に行き、医を訪れた。

診断は肺門浸潤と神経衰弱であった。中学を出て数年肺結核で臥床した息子（私の兄）をもつ親父はすぐとんできて、家に連れ戻され、休学を余儀なくされたが、親父の言ってくれた言葉は「雨降りて地固まる」の一つであった。

安静と医薬と精神的落ちつきとともに、読書の意欲が湧いてきた。当時よく読まれていた「善の研究」、「愛と認識の出発」、「三太郎の日記」など、いろいろの本を同じ寮にいた畏友小松勇五郎君の奨めで、長髪時代より読んでいたので、好きだった阿部次郎氏の当時の新刊、「秋窓記」や「ウイルヘルム・マイスター遍歴時代」、「ファウスト」などを読んで過ごしている時、荷物が届いた。S生とのみ書いてあった小包を開けてみると森永喫茶店の製品であった。「ああそうか、ドライからだ」と思った。母親がお返しに何かを、というのを住所が分からないからと断ったままになってしまった。（ドライは独逸で3）

ちょうど一年前、隣室西本君とよく比治山に登り八丁堀に出ていた頃、広高生のアイドルのようだった女の子が、森永喫茶店の二階に№３を胸につけて愛嬌よく接していた。可愛らしい娘《こ》で、皆がドライと愛称で呼んでいた。「俺の好きなタイプだ」と西本君に言いながら、暇があれば行ってコーヒーを飲んだ。ある日、私の部屋に、「君の日参のリーベ中村のり子」と落書きがあった。日参でもあるまいにと思いながら、ある日、西本君が、この「オーケストラの少女」の前売券で映画を見てこい、俺は用があるから行けないので一人で見てこいという。有名な映画で見たい見たいと思っていたので、早速映画館へ向かった。

　見終わって感激して帰ろうとすると、横にドライが居るのに気がついた。と同時に突然の現実に動悸がうち、どうすべきかに困ったが、結局帰り道、ある喫茶店によって二人でコーヒーを飲んだ。あまり話すこともないまま、セヴィルラの理髪師の曲が好きだというようなことを言い、「お茶とお菓子を前にして一言もしゃべらず――」との歌のような雰囲気だった。その後〝森永〟に行くと、いつもセヴィルラの理髪師のレコードをかけてくれたりした。

　その後西本君が、彼女は野球部の人のリーベ（恋人）だそうだと言ってきて、だからそれからたびたび行くのはよそうということにして、その後〝ムシカ〟や飲み屋や他の方へ行くことが多くなっていた。その後全然忘れるようにしていたが、寮を出て下宿し孤独に苛まれている時、誰が知らしてくれたのか手紙が来た。丁寧にことづかってきた方に返事を出して、そのまま休学に入ってしまったのに、どうしたことだろう、どうすべきだろうか、と迷いながら、結局友人に住所を聞いてもらうわけにもゆかず、そのままにしてしまった。

　それから一年余、三年卒業時期となり京大を受験することに決めた頃、ドライも京都に行くと言ってるぞ、と小松勇五郎君が来て話を聞いた。結局、吉峰のリーベは今や学問だからと説得？してくれたようだった。

＊　＊　＊

　小松勇五郎君は私の生涯の敬友であった。一年の時、理乙で一緒であり本を読むことを教えてくれた。先ず「善の研究」（西田幾太郎）と「愛の認識の出発」「三太郎の日記」等々、二年になった時、彼は文乙にうつり、「哲学と道徳」「哲学の根本問題」さらに「絶対矛盾の自己同一」と西田哲学を読破していた。東大を卒業、戦後通産省に移り西独大使館付後、通産事務次官に、彼は戦後の産業構造の発展復興に寄与すること大であった。

＊　＊　＊

その前の昭和十四年、二年の裏は日本の軍事態勢も漸次厳しく、いわゆるノモンハン事件が起こった年である。自分は平凡な、そして従順なといいたいような下宿生活だった。所謂当時の学年では裏の学年というなにかしら淋しい生活の中で、よく行を共にしてくれたのは原田彰俊君、末田尚君ら、またよく宗教や人生を話し合ったのは三戸英雄君らであった。

その頃二年の裏の心の支えになっていたのが小松君で、夏休みの初め、夏休みの計画、読書予定などを知らせてくれた。私もそれに倣って計画を立てた。その手紙の中に、一学期の君の成績は五番だったと教えてくれていたことが今でも鮮やかに記憶に残っている。同君の情ある励ましが随分嬉しかったのだろうと思う。長髪時代は、人生の真の意義を識《し》るためには、常識に対する懐疑と反逆とこそ必要だ。優秀に対する反逆として、成績も低空飛行にこそ価値があると主張して、一年の学期末は逆三であった（一学期は一桁だったが）。二年表は全く試験を受けていない。だから二年裏の一学期はいささか気がかりだったに違いない。その後は生活の落ち着きとともに順調で、三年の二学期はトップになってしまった。これは行き過ぎだとあの時は思った。

この年の秋、運動部よりの自治会理事に推され、文芸部代表との選挙となり各教室を弁説して歩き、当選した。

翌年昭和十五年の一月だった。当時の添野信校長が五高（熊本）校長に転じることになり、講堂での送別式に生徒代表として挨拶せよと言われた。その挨拶の中で、「先生によって培われた広高の自治と自由を」と言いたかったが、戦時の真っただ中であったので、自由とはとうとう言えず、「広高スピリット」という言葉を遣ったことが、今さらながら思い出される。

（後日談）

昭和二十六年頃だったか、医学部研究室にいた頃、広高物理学の志茂山保光先生が京大に来られた時の歓迎会で、指導教官でも組担任でもなかった先生から、「やんちゃだった君のことはよく覚えているぞ」と言われた。

三年の時、物理は満点に近いと賞められたことがあったが、やはり先生も成績よりは、素行の方を覚えているものだなと思った。

私の昭和史

元屋　奈那子

「水」

昭和二十年八月十五日、私は前後のわからぬ程の陽やけの黒ん坊となって志度の海で泳いでいた。その日は朝そそくさと夏休みの宿題を片づけて家を出ようとした私に、珍しく父がお昼前には帰るようにと声をかけた。

いつも揃う海仲間も、その日は同じ事を家の人からいわれたと、口々に話していた。

終戦をつげるラジオを私は雫のたれる頭で聞いた。その日であったかもう少しあとの事であったかは定かでないが、夕食の席で父は家族に、日本はポツダム宣言というものを受け入れ降伏したという話をしてくれた。

それから三十数年の後、私は自分の足で、ここにチャーチルが、ルーズベルトがスターリンが座ったという東ドイツのポツダムのカントリー・ハウスに立っていた。

〝胸せまるポツダムの庭草もみじ〟

という一句を得た。

戦況が逼迫《ひっぱく》し高松がアフガニスタンのような焼け野原になった時、子供の私にもこれは只事ではないという恐怖心がわいた。

お菓子も、おもちゃも、遊びに行く所も何もなかったけれど、私には盛夏は無論、梅雨あけ早々のにごった水も、秋風の渡る肌寒い水も、ものかわ、うれしくて体ごと飛び込んでゆける子供の天国、志度の浦の海と、砂浜があった。そこには何ともいえぬ開け放しの良さがあり、楽しくて仕方のない幸福の日々があった。

引っ越し魔が聞いたらさぞやあきれることだろうが、なぜか私は動けず生まれて育った同じ場所に今も住んでいる。現在、志度はさぬき市となり、旧町名は消え番地を表す数字となったが、昔は「江ノ口」という部落名で印した。

地形から考えるとこの名は、川と海との合流する入り江の口であったためと思われるが、旧町史はユーモラスに「怪魚」江ノ魚の口を埋めたる場所であると伝えている。

魚霊堂も、それを祀る古い寺も現存する。水に対する畏敬の思い、水への信仰が一般《いっぱん》のくらしの中に、しっかりと定着していた昔は川しもでも決して水は汚れていなかった。

さらさらと流れる川に、子供達が歓声をあげて遊ぶ水に、汚物を捨てる考えは持たなかった。捨てるほどの物もなく、みなひとしく貧しかったともいえる。

どの人にも、それぞれの心の中に、その人なりの水がある。しかし、この所、さぬきは毎年、夏はひどい水不足がつづいている。

井戸掘りが繁盛しているらしいとか。ひんやりとした苔の匂いのする昔の家の大井戸を思い出した。ざるに乗せたそうめん、スイカ、残り物の総菜類。さまざまな物を井戸深くつるして冷やした。そして子供の私の何よりも興味を引いたのは、カミナリと呼ばれていた小サルベージだった。するすると縄をおろして井戸底に落ちた物をつかみ出す。息を詰めて眺めた。思わぬいろいろの物が上がってきた。何もかも面白かった。子供達は叱られつつも、井戸のあたりをウロチョロとした。

最近、苔のまうわき水を見たのは、デン・パサール。スカルノの別荘が近いと聞いた。冷たく澄んだ水が、こんこんとわき出ていた。それはひそやかな力をもって私の心に触れてきた。格式の高い寺で、短パン等の軽装の人たちはみな、幾らかを払って腰巻き用の布を借りさせられていた。

相当の水好き人間である。海、川、池、井戸そして大のふろ好き。何事も水に流すのを得手として生きてきた。水のないのは大弱り。

天の一角をどーんとついたらドドーッと、ゆる抜きの水のような豪勢な雨が降らぬものであろうか。今日もカンカン照りの空をうらめしく眺めている。

「ムネンドウ」

志度から山越えをして三木町へ出る山林一帯を峰堂という。向田邦子の「眠る盃」ではないが、大人のこの発音を、ムネンドウと、私の子供心は覚えていた。

持ち山がある。春秋の植林や、伐採に、父や倉人達についてよくこの山へ出かけた。

山の深さ、自然の暖かさといったものを、我が身の内にこの場所で、私はとり込んだようだ。若木には伸びゆく美しさがあり、老いた木には、静けさと寂しさがあった。

鋭く空気を切る音が、山の中を走って行く老いた大木がゆっくりと倒れる。山間をぬって流れ下る細い疎水があって、これは一年中たえることがない。山水は甘くおいしい。

口に入れるとほろにがい野の香りが広がる太い立派ないたどりが、春にはこの水のまわりに自生した。つづれ折りの山道を行って、この水に出会うとここからはうちの山だと、子供心はうれしく、何か誇らしかった。

生家は、古く江戸時代より醤油造りをしてきた。ある時期まで、小麦を炒ったり、大豆をむしたりする燃料のほとんどを、この持ち山の木でまかなっていたようだ。

倉人達は、手のあいた時はいつも割り木作りをしていた。私は荒く割った松の木から出るヤニの香りや、落ちたての木くずの匂いを今でも、はっきりと思い出すことが出来る。

兄が八代目の当主になるはずであった。永く、堅実に、地味に商いを続けてきた。

番頭は置かない。証判はしない。株その他家業以外の大儲けは御法度。という家憲。いつの時代の仕入帳も、売上帳も、当主自身の筆である。祖父、曾祖父、その又祖父と、それぞれ個性のある達筆で、細やかな記入がある。父はペン字で、実に几帳面に書き入れをしている。父が亡くなった後、さまざまな事があって、思いがけず女の私が生家の家業を引き受ける事となってしまった。

したたかで、重い現実が横たわっていた。しかし、不思議のように、私は人に恵まれた。得意先に、工場に、倉に、得がたい人々の助けをもらった。思いがけない勢いで、私のあずかった家業はのびた。だが何一つも私の力だけでは出来ない事であった。

その立場、立場の人達の意見を大切にして私は従っただけにすぎない。だが、向っ気の強い世間知らずには、ただ従うということはつらいことであった。しかし、一方では大変呑気で素直であるという性格もあり、これが良かったようだ。

世の中の大きな流れとか、力には、抵抗できない何かがある。あれ程、有利な財産の筆頭にあげられていた山林が、ここ数十年の間にすっかり下落し、外材に、松くい虫にと、山は全く、昔の価値を失ってしまった。山番がいて峰堂の山はいつも整然としていた。

今は手入れをすることもなく荒れている。数年前、かなりの値段で、全部買い取りましょうという話があったが、御先祖のものは、庭石一つ、軸一本、うらない方針だと、大時代的な断り方をした。

今も、峰堂の山は、我が家の持ち山として健在である。山を歩くと、時間がかき消え、私は子供に返り、父や、倉人達の元気な声が聞こえる。

夏草や　どこか醤《ひしお》の　香る家

「大頭屋」

黒紋付き、仙台平の袴、威儀を正した父が、家宝の馬図屏風の前にいる。

晴れやかな、踊るような秋空に、大太鼓の音が、すいと上げられて行く。

「大頭屋さん、今日はえ、お祭りで‼」

田舎の昔の祭りには、遊びの中に伝統美の世界があり、祭りの中に町衆の心があった。

氏神様の名は多和神社。延喜式内讃岐国二十四社の一つで、本殿祭神は、速秋津姫命。もとは志度八幡宮として、志度寺境内にあったものを、寛文年間に現在地の、旧志度町全体が見渡せる山裾の高台へ移された。その為に、この海辺の町は一本の細い帯状の集落となり、祭りは一層にぎわう事となった。

各部落がチョウサーと呼ばれる太鼓台を持ち、それは法被姿もいなせな、血の気の多い若衆のものであり、御《み》輿《こし》まわしは、一寸年かさの人物人柄共に温厚な男達がえらばれた。

また太鼓台には町内一の美声の持ち主が、それぞれ一《いっ》杯《ぱい》機嫌で音頭を取っていく。若い娘達はそのかき手の男達に心を燃やし、子供達は、いつか自分もあのかき手の一人となりたいと願い憧れ、まわりをゾロゾロとついて歩く。無論子供の頃の私もその内の一人で、宵宮《よいみや》、本祭りと、自分がまるでお釈迦様の手のひらで、ありったけ暴れて、ヘトヘトになった孫悟空みたいに思えたものである。

父が大頭屋を務めたその年は、敗戦後の疲弊した世相をはね返すように、人々はみな一様に祭りに興じたいと願っていた。旧地主は田を取られ世の中は一転したが、幸にも生活必需品の醤油をあきなっていた父は、家業は順風、自分はまだ若く健康で、総てのものに恵まれて、人生の絶頂期にあった。

母が輿入れの時以来、家の十六間間口全体に家紋入りの幕が張られ、家中、「御幣《おはけ》たて」と呼ばれる神事の為に、真新しい畳の藺草《いぐさ》の匂いに包まれていた。

その年の大頭屋をつとめるにふさわしい家の状態であり、父は男盛りであった。しかし人の一生は、誰の場合も最後まで、順風満帆とはゆかない。手もとが少しでも動くと矢は思いがけない方向へ飛ぶ。

行年六十八才であった父の最後の十年は、創業以来百年余、地味ではあるが、不動のものであると信じられていた家業の考えられぬ程の不振、自分の体調の崩れ、後継者問題。

二人もの息子を持ちながら業界の行く先が暗く、決められぬまゝに逝った。

戦後の輸送力の発達にともない一流メーカーの品が全国津々浦々に運ばれ、テレビのコマーシャルに登場しない地方の中小メーカーの商品は売れなくなってしまった。

家のない男と結婚し、元屋の離れに居いてもらってい た私が父の死後、取りあえずというかたちで致し方なく後を引き受ける事となった。何も解らぬまゝに継いだ家業であったが、それでも少しずつ帳簿が読めるようになっていった。その数字は想像以上に厳しく、父の晩年の苦労が身に沁《し》みた。しかし、かえって私に不思議な諦観がわいた。今あるがまゝを、あせらず機嫌よくやろう……と。

誰の人生も、やり直しのきかない一回きりのものだ。偶然やら、自分の思いや、いろんなものが絡んで、他にもあり得た無数の自分ではないこの今の自分を生きている。

本宅、工場併せて千坪にあまる屋敷と、自分をも含めて、何人かの人のくらしをあずかって生きる日々は、事実、しんどい。

「やめた‼」と大声をあげられたらどれ程スカッとするであろうかと。しかし、昔、祭ばやしの流れる町を、涙っぽい要素などみじんもない徹底した世俗的健康感覚にあふれて目を輝かせ、所せましと飛び歩いた孫悟空の血は、まだ確かに私の中に生きている。悔やみ事など並べずにもう一丁奮発して働いてまた、大頭屋でも務めるか‼

うぶすなは　この世の楽土　里まつり

「元屋醤油館」

長い歴史のなかで老舗が、継続、発展するきっかけの一つに、時流を見抜く当主の「ひらめき」があるといわれるが、私の場合思いがけない形で致し方なく家業を引き受け歩き出した日々の中にあって、自分の意志というよりも、もっと強い何かに押されて手の中に来たものをつかんだに過ぎない。

ピチピチと高く澄んだ音。発酵する諸味の小さなアワがはじける。ほの暗い仕込み蔵の中をゆくと醤油がにおってくる。私の原風景。

その蔵の中の古い樽の一つに声をかけられたのである。そうとしか思えない。うしろ姿のように本来発語できないものに、そうであればこそ、かえって言葉を感じ動かされたという事であろうか。

農水省ＪＡＳ規格合格品でなければ販売はならぬという法は、地方の醤油醸造中小メーカーをしめ上げるに充分であった。各自それぞれに長い歴史を持つ倉を整理し、何軒かがよって組合を作り政府の高度化資金導入による新しい設備の工場を持たざるを得なかった。

私の生家もそのうちの一軒で、不要となった諸味倉は多くの三十石樽のねむる廃屋となっていた。何とかここを使いたい。

順境の学生時代、生家の古い醤油屋をかかえて奮闘する日があろうとはつゆ知らず、ただひたすらに美しいものに憧れて「美学」を学んだ。〈美とは単なる感覚的な喜びでもなく遊びでもない。それはこの世を包むより高い秩序なのだ。美の中に立つとき人ははじめてよりよい生を生きる事が出来るものだ〉と教えられた。昭和三十年代、東京。

学舎は跡見学園。良家の子女に正しい美をという理念のもとに旧女学校に大学を、その中に美学美術史学科が創設されていた。

東大に近く、真砂町、伝通院前、小石川、とまるで鏡花の世界を思わせる電車で通った。そこにはその後の日本の美学界の重鎮となられた方々の若い日の姿があった。わけても今泉篤男氏に、在学中の講義もさることながら卒業の際に贈られた言葉は、今も私の中に強い力となって残っている。

何も知らなかった私が、仏像を、能を、絵画を、建築を、大変浅くはあるが一応学問としての形で受け取ったこの年月は、その後の私の人生を大きく豊かなものとした。

春の苑　くれないにほふ　桃の花
した照《てる》道に出で立つをとめ

今泉先生は、家持のこの万葉歌を引用され、

「今、貴女たちは人生が春の桃園のように香しく、照り輝いている事でしょう。恵まれて若い日に確かな美を自分自身の眼で見ることを学ばれたことは、本当に幸と思います。しかし、人生というものは、どの方もいつも順風というわけには行きますまい。逆境の時耐える力に、正しい美を見る眼を持っていることは、何者にも勝る勇気となるでしょう。」

そんな思い出を胸に私は荒れたうぶすなの蔵の中を歩いた。何かにここを使いたい。

しかし、何でも凝りすぎ通ぶるという事はきらいで

あった。だが無神経で意味のないものは困る。遺りづくなら筋の通った、美しいものとしたい。

そんなある日その廃屋となった蔵の中に三十石樽と共に散乱し放置されていた昔の醸造用具類の美事さを惜しむ声を耳にした。そしてそこにしなやかな曲線を描いて反り返り、打ちすてられていた大樫の古い締め木が私の目にとまった。江戸の用具のその木の姿は、私の感性の深みに降りて来て、あるざわめきをもたらした。

醤油館オープンの一つのきっかけとなった。見なれた風景もこちらが視点を深くする事で思いもかけぬ光が与えられるものだ。

いろいろの努力の後にその廃屋の蔵は、新聞に、テレビに取り上げられ、小中学校の見学に役立つ醤油館となって返り咲いた。

寒の水　洗ひ上げたる　仕込樽

「幕」

「これは面白い。」醤油館の取材に見えたあるテレビ局の人がうなった。その時、私の中の何かにスイッチが入った。

〝雅宴盛会之図友人合作之讃〟と箱書きのある大幅の掛け軸である。五代前の祖父、小倉九平遊興の図で、友人一人一人思い思いの画讃を自筆で書いている。絵はその中の一人、絵心のあった人のものであろう。ほおかむりをして箒踊りをしている人、腹ばいになって絵筆を握っている人、口角泡を飛ばして、しゃべり合っている二人。大祖父（五代前）と伝えられている人物の、やや上がり気味の、肩のあたりの陶然とした後姿は、どこか父に似ていて懐かしい。姿、形も美しい姐さんの三味の音に合わせて、小唄の一つをでも、うたっている様子だ。ユーモラスで、動的で、ほのかな色気もあって楽しい。気の合った友人達を集めて、呑んで、しゃべって、歌を作った有様を絵にした着眼点のユニークな自家製の掛け軸である。

母と私が蔵から出した時は、しみとほこりにまみれていた。クリーニングをした。百二十数年前の宴の様子が、よみがえった。

また、この呑ん平の祖父の蒐集した食器、什器の類はおびただしく、「うちには呑む道具なら少々の料理屋顔まけという程に揃っているのですが、茶道具とちがって、お金にはなりません。」と、私は人によくそう話した。

中国か沖縄渡りか、朱ぬり八角足つきオードブル入れ、古い籃胎《らんたい》・存清《ぞんせい》の技法で作られた雄大な重箱。日本橋から京の三條大橋まで東海道五十三次の地名入り古伊万里大皿。朱と金・鯛ざくろ図の華麗な九谷食器群。四十人前揃え。

しかし、このアッパレとも思える呑み道具コレクションは、私にはその時代を共につれ添って歩いた大祖母の迷惑の渋面を、また、道具狂の後を引き受けた次代の祖父の経済の困窮も見えて、複雑である。だが、コレクターの祖父の美意識の確かさも、私はかいたい。あらゆる意味でこれだけのものを黙って眠らせておくには忍びない。遊興の図を芯にした宴のさまを再現する「呑ん平館」なるものを開こう。見て珍しく楽しい、そんな反応が得られるような。私の心のスイッチがエンジンにとどき、作動を始めた。

何代もの先祖のさまざまの思いが込められている品々だ。動きのない過去が過去然として並べてあるだけの、何も語りかけてこない、ただ物の羅列のような展示にはしたくない。

頭を柔らかくして創造力を働かせなければ。私はいつも何か面白そうという所から走り出す。先々の不安定要素は、あまり考えない。有り難いことに何事にも物おじせず、体当たりする実践派には生まれついている。

過ぎてしまってこそ物事はやわらいで見えるが、出発の時点での難問は、一つ一つ解決してゆくより他はない。

名称は「呑ん平館」であるがお酒は一滴も無し、入館料は、自家製の醤油を一本お買い上げ頂くという事で行こう。

私の思いはとめどなく広がったが、現実はほこりにまみれた蔵の古道具の山に分け入って、整理、分類し、展示するという重労働が待っていた。

「まあ、ななさん、御苦労さんやったなあ御先祖さんも、この道具たちも、みな喜んどりますよ、わたしもうれしい」こうこうとライティングされて完成した土蔵の中の呑ん平館で、母里の伯母は、少し前かがみになった腰をのばして、喜んでくれた。

しかし、その一週間前、その同じ場所で、私は眼の前が暗闇《くらやみ》になって、立ち往生をしていた。梅雨あけの頃から一人構想をねり、資金を調達し、職人の手配をととのえ、内装に使う書を絵を選び、楽しみつつ苦労を重ねてきた。大汗をかきながら、道具倉のせまい、暗い急な階段を、ふるえる足をふみしめて上下した。椀を、膳を、陶器のうつわを、何十人前も降ろした。膳、椀はみな、輪島、惣朱形地と書かれた紋箱に入っていた。又、包まれていた和紙袋のどれにも「製造舎、糸式治助」という角印が押されていた。

雪ちる能登半島北の町、輪島を身近に感じた。一つ一つ丁寧に拭き上げた。私は外見よりは根気がよく、面白くない単調な作業にも意外に強い。途中、台風にまで割り込まれ、外倉、内倉、共に漆喰の大剥落というおまけまでついた。それも、これも、総て終わり、業者に一つだけ新しく注文した紺ラシャ天張りの地袋つき飾り台がはこび込まれた。

ところが今造りの品は私のイメージとずれて、古い道具類とまるであわない。

私は気が遠くなるような不快さで、押し黙った。重い疲労感がどっと体内に滑《すべ》りおりて来た。不毛なところに行きつくかもしれない時も、やれるだけはやって見た方がいいと、私はいつも思ってきた。自分で考え行動をおこした事なのだから何よりも一番、私自身が納得の出来る上がりでなければならない。

他に責任は転嫁できない。何とかしなければ。力《りき》むだけに焦りは一層大きくなった。顔つきが険《けわ》しくなって行くのが自分で分かった。しかし、現実は重く手直しはむずかしい。さすがの私も自分で自分の思いを扱いかねていた。気づくと、ぼんやりなぜか娘の婚礼のアルバムをめくっていた。偶然、結納の日に幕を張ってあった玄関がうつっていた。

そうだ!!「幕」を使おう。

真夜中になっていたが、はねおきた私は、暗闇のしいんと肌寒い土蔵へ飛んで行った。

母の嫁入りの日と大頭屋をつとめた日に、家中の表へ張りめぐらされて以来、櫃《ひつ》の底で眠っていた古い方の大幕を、私は引きずり出した。時がなごませた底味のある美しさで、藍と白の染め分けの幕は家紋をだいて現れた。

これだ!!　これを飾り台に敷《し》けばよい。私を苦しめた事柄が一気に負から正へと逆転した。うれしかった。

それぞれに渋いエレガンスを持つ骨董が、思いどおりに古い幕の上にピタリとおさまり私の中のいらだちを消した。

華やかで、純で、豊かで、めでたい桃形の九谷の盃を私は最後に飾った。

—旧い蔵を開きましたら初代九年の夢がねむっておりました。—

「呑ん平館」を開く案内状の書き出しである。

霜月や　この地この家に　生れける

執筆者一覧

藤井国夫（ふじい・くにお）
一九三四年、さぬき市生まれ。県立高松中学校から徳島工業専門学校に学ぶ、造船工学を専攻、戦争末期に岡山・玉野造船所に勤労動員。終戦後に四国新聞社に入社、報道部、地方部長などを経て論説委員として十八年に渉って「社説」を執筆した。香川菊池寛賞奨励賞を受賞。

近藤一視（こんどう・かずみ）
一九三四年、高松市生まれ。県立津田高校から保安大学校（現防衛大学校）を卒業、陸上自衛隊に属し、福知山第七連隊などを経て幹部学校を終え、統合幕僚学校教官、二十六普通科連隊長などを務める。陸将補で辞任。

池上　任（いけがみ・わたる）
一九二四年、香川県綾川町生まれ。香川県立木田農業学校三十六回卒、昭和十八年従軍、二十一年五月中国より復員、昭和二十三年公務員、昭和三十八年株式会社美巧社設立。現在代表取締役会長、昭和五十三年より香川県バドミントン協会会長。

三宅洋三（みやけ・ようぞう）
一九二八年、福岡市で生まれる。二十年三月に戦時繰上げで中学校を卒業、九州帝国大学附属医学専門学校を経て二十六年九州大学医学部第一外科に入局、後年に故郷の高松に帰り三宅病院などに勤務、傍ら高松市教育委員長などを務めた。現在、介護施設の理事長。

糸山東一（いとやま・とういち）
一九三四年、東京市生まれ。九州大学大学院修了、香川大学教授、香川大学大学院教科教育学研究科教授、放送大学非常勤講師、高松大学非常勤講師、現在、香川県歯科技術専門学校非常勤講師、香川大学名誉教授。

藤井洋一（ふじい・よういち）
一九三一年、さぬき市生まれ。法政大学経済学部卒業。公立学校勤務、多和小学校校長を退職後、ＮＨＫ文化センター高松講師、香川大学非常勤講師、かがわ長寿大学講師、早稲田大学文学部非常勤講師などを歴任。現在、日本民俗学会会員、高松大学生涯学習教育センター文化講座講師他。

津森　明（つもり・あきら）
一九三四年、高松市生まれ。関西大学法学部卒業。四国新聞社取締役東京支社長、事業局長、常務取締役などを経て高松短期大学秘書科教授、高松大学生涯学習教育センター長、高松市歴史民俗協会会長他。

畠山武史（はたけやま・たけし）
一九二六年、高松市生まれ。和歌山中学入学、のちに高松中学に転校、広島高等師範入学、久留米の陸軍予備士官学校に入校、終戦により広島高師に復学、卒業後、高松市内を中心に高校教諭、津田、高松南高校教頭、高松西、高松北高校校長。退職後、高松短大教授、四国高松学園理事長。平成二十年退任、名誉理事長。

山本正幸（やまもと・まさゆき）
一九三二年、高松市生まれ。香川大学学芸学部卒、県内国立・公立中学校勤務。定年退職後香川県立保育専門学院講師などを経て、現在、香川大学非常勤講師、高松大学生涯学習教育センター講師、環境省希少野生動植物種保存推進員など。

大西泰次（おおにし・やすつぐ）
一九三〇年、坂出市生まれ。香川県立坂出商業学校卒業、坂出市市民部長、総務部長、収入役、助役などを経て、現在、坂出市選挙管理委員会委員長、社会医療法人財団大樹会総合病院 回生病院理事。

新名重夫（しんみょう・しげお）
一九三〇年、高松市生まれ。一九四五年高松第一中学校中退（現在高松一高）後建築業に従事、一九七〇年会社設立。現在㈱新名工務店会長、一級建築施工管理技士、宅地建物取引主任者、香川県住宅性能保証登録業者協議会会長。

森　實（もり・みのる）
一九三二年、高松市生まれ。市立高松第一高校から香川大学経済学部を経て神戸大学大学院を学び経営学博士。神戸大学、香川大学、大阪学院大学、高松大学教授を務めた。日本公認会計士協会から学術賞などを授与される。著書に「近代監査の理論と制度」などがある。

太田正臣（おおた・まさおみ）
一九二三年、高松市生まれ。広島高等師範中退、香川師範学校卒、平井中、高松市内の中小学校勤務、屋島小学校校長定年退職。㈳香川県教育会 事務局長。

陶　昇（すえ・のぼる）
一九〇九年、香川県綾川町生まれ。昭和九年京都府立医科大学卒、眼科学を専攻する。二度の赤紙召集で六年余の野戦の経験、復員して三年間自家で医業を開く。昭和二十五年より香川県立中央病院眼科医長に赴任、停年迄二十年間勤務する。更に高松市瓦町で八十四才迄開業し、戦地の七年を含めて六十年の医療業務に従事する。

相谷勝一（あいたに・かついち）
一九三一年四月、高松市塩江町生まれ。一九五六年三月 岡山大学医学部卒、一九六三年四月 KKR高松病院勤務、一九七二年五月 高松市中野町にて内科医院開業。

小林宏暢（こばやし・ひろのぶ）
一九三六年、高松市生まれ。京都大学医学部卒、横須賀米海軍病院にてインターン後、京都大学大学院中退、米国にて卒後臨床教育を受ける。フロリダ州ジャクソンビル市 Duval Medical Center にて泌尿器科チーフレジデントを歴任、その後一年間 2nd year 外科レジデントをやり帰国、京都大学泌尿器科助手を学園紛争渦中帰郷、小林病院を父と共に設立。現在小林医院院長。

西岡幹夫（にしおか・みきお）
一九三六年、山口県出身。山口医大大学院修了、山口大学助教授、香川医科大学教授、愛媛労災病院院長などを経て、現在、NHK文化センター高松講師、高松大学生涯学習教育センター講師、香川医科大学（現、香川大学）名誉教授。

吉峰泰夫（よしみね・やすお）
一九一九年、高松市出身。京都帝国大学医学部卒業。京都大学医学部講師、高松赤十字病院整形外科部長を経て、整形外科吉峰病院開設。社団法人日本医師会代議員、香川県医師会副会長などを歴任。

元屋奈那子（もとや・ななこ）
一九三六年さぬき市志度生まれ。高松高等学校卒、東京跡見学園生活芸術科卒、元屋醤油有限会社社長を経て現在、元屋醤油館館主、日本食研KKケーオクラブ理事、俳誌「古志」同人。

あとがき

昨今、映画、音楽、のみならず、テレビにおいても昭和時代の作品が好評で〝昭和レトロブーム〟という活字すら目にします。これらは、昭和初期生まれの人々には〝物はなかったが、精神的には満たされていた時代〟を思い起こさせ、また、昭和を知らない若い人びとにも何か懐かしさを感じさせるようです。昭和期に端を発する負の課題も残っていますが、現代社会が見失ったものを気づかせてくれることも確かです。

今回、昭和恐慌、さらに戦中、戦後を体験した十九名の方々に、当時の社会情勢や生活環境を加味しながら〝昭和、私の証書〟を執筆して頂きました。

これらの原稿を拝見しますと、山河、家族、父母、学童期の思い出が多く語られています。幼い日の故里の思いは永遠なのでしょう。次に、戦時下の本土、また、植民地の外地における暮らし、旧制中学における生活や学徒動員の実態、様々な戦争体験、高松空襲の恐ろしさ、玉音放送と終戦など、さらには戦後の混乱期における辛苦の時代などが生々しく綴られています。ここには、パラダイムの大転換の中、真剣に生きてきた各自の証しが見られます。それぞれに迫力があり、また、あまり知られていないことも垣間見られ、新しい興奮すら覚えます。読んでいるうちに、それぞれが自分自身の出来事のように感じるから不思議と言えましょう。加えて、ここには異口同音に、わが国の現在さらに未来に対する警告が読み取れます。

歴史は、歳月に流されながら、われわれの一人一人の手によって作られるのでしょう。そして、歴史に記録されていない記憶を伝えることも極めて意義のあることです。戦前生まれが高齢化し、現在、四人のうち三人は戦後生まれとなりました。したがって、われわれは〝昭和期の貴重な証言〟を引きつづき記録したいと考えております。

最後に、本書がわが国の昭和期を検証し、現在ならびに未来を考える縁となれば望外の幸せです。また、われわれの企画に賛同され、ご多用中にもかかわらずご執筆いただいた各位に深甚なる謝意を表すると共に、本書の出版に際しては、美巧社の田中一博氏にご高配を賜り、厚く御礼申し上げます。

平成二十一年四月吉日

執筆者代表　西岡　幹夫

昭和わたしの証言Ⅰ

平成二十一年六月十五日　初版発行
令和二年八月十五日　再版発行

編著者　津森　明
編著者　西岡　幹夫
発行者　池上　晴英
発行所　株式会社　美巧社
〒七六〇―〇〇六三　香川県高松市多賀町一丁目八―一〇
ＴＥＬ　〇八七―八三三―五八一一
ＦＡＸ　〇八七―八三五―七五七〇
印刷・製本　株式会社　美巧社

ISBN 978-4-86387-122-9　C0023